キャイ～ン天野っちの胃袋を掴む

絶品

肉

おかず

100

CONTENTS

キャイ～ン天野っちの胃袋を掴む絶品肉おかず100

いつもの食卓の主役になる肉料理。がっつりもあっさりも、定番もおもてなしも、簡単テクで「また作って」と胃袋を掴む極上レシピを召し上がれ♡ さらに肉をより美味しくするソースやサラダ、手早く作れる"あと一品"、別腹デザートなど100レシピ以上をご紹介♪ さて、今日はどんな肉メニューで食卓をハッピーに彩る？

CONTENTS

計量の単位は
大さじ1 = 15cc、
小さじ1 = 5cc、
1カップ = 200ccです。

豚・挽肉・鶏・牛…今日は何食べる？

絶品肉おかず

ZEPPIN NIKUOKAZU

 一緒に作ってみよう！

大満足の食べ応え
彼ウケも抜群♡

トンテキ

材料(2人分)

豚肩ロース肉(とんかつ用等、
　2〜3cm厚さ) … 2枚
塩 … 小さじ1/4
黒こしょう … 適宜
おろしにんにく、
　おろししょうが
　… 各1/2かけ分
玉ねぎ … 1/2個
サラダ油 … 大さじ1/2
🅐おろししょうが
⎰　… 1/2かけ分
　しょうゆ … 大さじ2
　はちみつ、みりん、酒
　… 各大さじ1
キャベツ(せん切り)、
　ミニトマト、レモン
　… 各適宜

作り方

1 豚肉は赤身と脂身の境目部分に包丁の先で切り込みを入れて筋切りをする。塩、黒こしょうをふって、おろしにんにく、おろししょうがをすり込む。

2 玉ねぎは縦に2cm幅に切る。🅐を混ぜる。

3 フライパンを熱してサラダ油をひき、豚肉を入れて強めの中火で焼く。焼き目がついたら返して、あいたところに玉ねぎを加えて中火で5分焼く。

4 玉ねぎが少ししんなりしたら🅐を加えて、絡めながら炒める。

5 レモンを輪切りにする。

6 食べやすく切って器に盛り、キャベツ、ミニトマト、レモンを添える。

POINT

赤身と脂身の境目を
包丁の先で筋切り

ご飯が進む
甘じょっぱな
美味しさ

ナスと豚のみそ炒め

材料(2人分)
なす … 3本
豚バラ薄切り肉 … 120g
にんにく、しょうが … 各1かけ
ごま油 … 大さじ1/2
Ⓐ酒 … 大さじ1と1/2
　甜麺醤、オイスターソース、
　しょうゆ … 各大さじ1
　塩、黒こしょう … 各少々
万能ねぎ(小口切り)、
　白いりごま … 各適宜

作り方
1 なすはピーラーで縞目に皮をむいて一口
　大の乱切りにし、水にさらす。豚肉は半
　分に切る。にんにく、しょうがはみじん
　切りにする。
2 **Ⓐ**を混ぜる。
3 フライパンを熱したら、油をひかずに豚
　肉を入れて塩、こしょうをふり、強火で
　焼く。豚肉がカリッとしてきたらごま油、
　にんにく、しょうがを加えて炒める。
4 なすを加えてよく炒め、少ししんなりし
　たら **2** を加えて炒め合わせる。
5 器に盛って、万能ねぎと白いりごまをふ
　る。

POINT

甜麺醤とオイスター
ソースでコクUP

お家で韓国料理♪
カリッと焼いて
薬味と一緒に食べる

PORK 豚

サムギョプサル

材料（2人分）
豚ばらかたまり肉 … 300g
Ⓐ おろしにんにく … 1かけ分
　ごま油 … 大さじ1
　塩 … 2つまみ
　黒こしょう … 適宜
高菜炒め
　高菜 … 100g
　ごま油 … 大さじ1
　白いりごま … 大さじ1/2
　赤唐辛子(小口切り) … 適宜
コチュジャン … 大さじ1
みそ … 小さじ2
砂糖 … 大さじ1/2
リーフレタス等 … 適宜

作り方

1　豚肉は5mm厚さに切ってボウルに入れ、Ⓐを加えてよくなじませる。15分くらいおく。

2　高菜炒めを作る。高菜は大きければ1cm幅に刻む。フライパンを熱してごま油をひき、高菜を加えて強火で炒める。油が回ったら白いりごま、赤唐辛子を加えて炒め合わせる。

3　コチュジャン、みそ、砂糖を混ぜる。

4　フライパンを熱して1を並べて(油はひかない)強火で両面を焼く。

5　2、3、4、リーフレタスを盛り合わせる。レタスに具を包んで食べる。

POINT　肉にはしっかり下味をつけるよ

切って炒めるだけ！
時短レシピのエースは
栄養も満点♪

豚ニラシャキシャキ炒め

材料(2人分)
豚バラ薄切り肉 … 200 g
にら … 1束
もやし … 1/2袋
長ねぎ … 1/2本
Ⓐおろしにんにく … 1/2かけ分
オイスターソース、
しょうゆ
… 各大さじ1と1/2
酒 … 大さじ1
砂糖 … 1つまみ
サラダ油 … 大さじ1
塩、黒こしょう、ごま油
… 各少々

作り方
1 豚肉は一口大に切って塩、黒こしょうで
下味をつける。にらは3cm長さに切る。
長ねぎは斜め薄切りにする。
2 Ⓐを混ぜる。
3 フライパンを熱してサラダ油をひき、豚
肉を強火で炒める。肉の色が2/3くらい
変わったら、にら、もやし、長ねぎを加
えて炒める。
4 野菜に油が回ったら2を加えて炒め合
わせる。
5 器に盛って、ごま油をたらす。

POINT 野菜は最後に投入してシャキッと感を！

香ばしい焼き目×
もっちり食べ応え

豚チヂミ

材料(2人分)
豚こま切れ肉 … 100g
塩 … 2つまみ
黒こしょう … 適宜
にら … 1/2束
Ⓐ薄力粉 … 60g
　片栗粉 … 40g
　水 … 120cc
　かつおだし(粉末)
　　… 小さじ1
サラダ油、ごま油
　… 各大さじ1/2
Ⓑコチュジャン … 小さじ1/2
　ポン酢しょうゆ … 小さじ2

作り方
1 豚肉は塩、黒こしょうをふる。にらは7
　cm長さに切る。
2 ボウルにⒶを混ぜ、1を加えて混ぜる。
3 フライパンを熱してサラダ油とごま油を
　ひき、2を丸く広げて中火で4分焼く。
　焼き目がついたら返して3分焼く。両面
　カリッと焼けたら食べやすく切って器に
　盛る。
4 よく混ぜたⒷを添える。

もっちもち！

POINT 豚こまとにらたっぷりで、もちふわ仕立てに

PORK 豚

シャキッとろ〜りを
お肉で巻くシアワセ♡

みょうがとおくらの豚巻き

材料(2人分)
豚肩ロースしゃぶしゃぶ用肉
　… 8枚(150g)
みょうが … 2個
オクラ … 4本
大葉 … 4枚
スライスチーズ
　(溶けないタイプ) … 2枚
塩、黒こしょう … 各適量
サラダ油 … 大さじ1
くし形に切ったトマト、
　千切りキャベツ … 各適量

作り方

1　みょうがは縦半分に切ってから縦薄切り
　にする。オクラは塩少々を加えた熱湯で
　サッとゆでる。チーズは半分に切る。

2　2種類の肉巻きを4個ずつ作る。豚肉は
　バットなどに広げ、塩、黒こしょうをふ
　る。豚肉1枚にオクラ1本をのせてクル
　クル巻く。豚肉1枚に大葉1枚、みょう
　が1/4量、チーズ1切れをのせて同様に
　巻く。

3　フライパンを熱してサラダ油をひき、2
　を巻き終わりを下にして並べて、中火で
　軽く焼き目がつく程度に、転がしながら
　全体を焼く。

POINT

豚肉は広げて塩・
黒こしょうで下味を

ゴーヤの苦味と
スパムの旨味を
めんつゆでまとめる

スパムのゴーヤチャンプル

材料(2人分)
ゴーヤ … 1/2本
スパム … 100g
木綿豆腐 … 1/2丁
卵 … 2個
めんつゆ … 大さじ1
砂糖 … 小さじ1/2
サラダ油 … 大さじ1
かつお節(ソフトパック)
　 … 1袋(5g)
ごま油 … 少々
塩、こしょう … 各適宜

作り方

1　キッチンペーパーで包んだ豆腐を、ボウルをかませたザルにのせ、重しをのせて15分ほど水切りをする。

2　ゴーヤは縦半分に切ってから種とワタを取り除き、3mm厚さの半月切りにする。水に5分さらして水けをしっかりきる。卵は溶く。スパムは1cm角の拍子木切りにする。

3　フライパンを熱してサラダ油をひき、ゴーヤを加えて強火で炒める。油が回ったらスパムを加えて炒める。ゴーヤが少ししんなりしたら、豆腐を手で崩しながら加えて炒める。

4　豆腐がアツアツになったらめんつゆ、砂糖を加えて炒め合わせ、卵を流し入れてふんわりと炒め合わせる。味をみながら塩、こしょうでととのえ、かつお節を加えてザッと混ぜる。

5　器に盛ってごま油をたらす。

POINT

豆腐は水切りすると
食感や味が際立ち、
他の食材とのバランスUP

13

花椒×フライド
ガーリックで
スパイシーに

毛沢東カリカリスペアリブ

材料（2〜3人分）
豚スペアリブ … 300g
塩、黒こしょう … 各少々
Ⓐ おろししょうが
　　… 1かけ分
　しょうゆ … 大さじ4
　酒、みりん
　　… 各大さじ1と1/2
　砂糖 … 大さじ1
Ⓑ フライドガーリック（市販品）
　　… 10g
　フライドオニオン（市販品）… 40g
　花椒（ホール）… 大さじ1/2
　韓国唐辛子 … 小さじ1/2
　小えび … 大さじ4
　塩 … 1つまみ
薄力粉 … 適宜
揚げ油 … 適宜

作り方
1 スペアリブは塩、黒こしょうをふる。ボ
ウルにⒶを混ぜ、スペアリブを加えても
み込み、ところどころフォークで刺して
から、ラップをして30分ほど漬ける。
2 フライドガーリックは砕き、花椒はすり
鉢でするか刻む。小さめのフライパンに
Ⓑの材料を入れて弱火で炒り、少し色が
変わったら火を止める。
3 漬けておいたスペアリブの汁気をキッチ
ンペーパーで拭いて、薄力粉をまぶす。
フライパンに揚げ油を深さ1cmくらい入
れて中火にかけ、スペアリブをたまに返
しながら10分揚げる。
4 器に盛って2をかける。

POINT

豚肉をフォークで刺して
味を染み込ませる

ふっくらジューシーな
焼き上がりに感動♡

豚スペアリブの
マーマレードソース

材料(2～3人分)
豚スペアリブ … 450g
Ⓐ おろししょうが … 1かけ分
　すき焼きのたれ、しょうゆ
　　… 各大さじ2と1/2
　マーマレード … 大さじ2
塩、黒こしょう … 各適宜
クレソン … 適宜

作り方
1 スペアリブは骨に沿って切り込みを入れ、塩、黒こしょうをふる。
2 フライパンを熱して、油をひかずに 1 を並べて強火で焼く。焼き目がついたら返して両面をこんがりと焼く。
3 ボウルにⒶを混ぜ、2 を加えて、返しながら20分くらい漬け込む。
4 オーブントースターの天板にホイルを敷き、3 をのせて漬け汁をかけ、様子を見ながら15分ほど焼く(温度設定があるトースターは200℃で)。
5 器に盛ってクレソンを添える。

POINT　ふっくらの鍵はオーブントースターでの仕上げ焼き

とろとろ角煮

材料（4人分）
豚バラかたまり肉 … 350g
長ねぎ（青い部分） … 1本分
にんにく、しょうが … 各1かけ
ゆで卵 … 4個
Ⓐ しょうゆ … 50cc
　砂糖 … 大さじ3
　酒、みりん … 各大さじ2
和がらし … 適宜

作り方

1 豚肉は3cm厚さに切る。鍋に豚肉、長ねぎ、3等分に切ったにんにくとしょうがを入れ、食材にかぶるくらいの水を入れて強火にかける。フツフツしてきたら弱火にして、アクを取りながら2時間ゆでる（途中、水分が足りなくなったら随時足す）。

2 1を豚肉とゆで汁に分け、ゆで汁を200cc分取る。

3 鍋をサッと洗って、豚肉、2のゆで汁、Ⓐを入れ、アルミホイルで落とし蓋をして中火にかける。沸いてきたら弱火にして10分煮る。ゆで卵を加えて、さらに10分煮る。

4 器に盛ってからしを添える。

口の中で
とろける～♪

POINT

香味野菜と下ゆでして
余分な脂や臭みをオフ

味が染み込んだ
とろぷる角煮

赤みそだれに
さっと絡めて
サクッじゅわっ♡

名古屋みそカツ

材料(2人分)
豚肩ロース肉 … 2枚(250ｇ)
塩、黒こしょう … 各適宜
卵 … 1個
薄力粉、パン粉、サラダ油
　　…各適宜
キャベツのせん切り、
　　白いりごま
　　… 各適宜
みそだれ
　りんご … 1/4個
　しょうが … 1/2かけ
　Ⓐ 水 … 200cc
　　酒 … 50cc
　　かつおだし(粉末) … 小さじ1/2
　　砂糖
　　　… 大さじ1～1と1/2
　赤みそ … 大さじ2～3

作り方
1 みそだれを作る。りんご、しょうがは皮
　をむき、すりおろして鍋に入れ、Ⓐを加
　えて混ぜながら火にかける。煮立ったら
　中火にして5分煮る。赤みそを加えて、
　混ぜながらさらに2～3分煮る。
2 豚肉は脂身と赤身の境目に包丁で切り込
　みを入れて筋切りをし、塩、黒こしょう
　をふる。卵は溶きほぐす。
3 豚肉に1枚ずつ薄力粉をまぶし、溶き卵
　にくぐらせ、パン粉をしっかりまぶす。
　フライパンにサラダ油を深さ5㎜くらい
　入れて熱し、豚肉を入れて中火で揚げる。
　衣が固まってきたら返し、こんがりと色
　づいたら軽く油をきる。
4 3を1に加えて絡める。食べやすく切
　って器に盛って白ごまをふり、キャベツ
　を添える。

POINT

**カラッと揚がったら
みそだれにサッと絡める**

オリーブが食感の
アクセントに

ハムとオリーブの
ホットサンド

材料(2人分)
食パン(8枚切り)… 4枚
ロースハム … 2枚
緑オリーブ(種なし)… 4個
ピザ用チーズ
　　… 大さじ7〜8
オリーブ油 … 大さじ1
バター … 20g

作り方
1 オリーブは輪切りにする。
2 食パン1枚にピザ用チーズを散らし、ロースハム1枚、半量のオリーブをのせて、もう1枚で挟む。2組作る。
3 2を耐熱皿にのせ、600Wの電子レンジに40秒かける。
4 1組ずつ焼く。フライパンを熱してオリーブ油とバターを半量ずつ入れて溶かし、3を入れて中火で両面をこんがり焼く。もう1組も同様に焼く。

POINT　フライパンで焼く前に電子レンジでチン!

19

スパイスが香る台湾の定番飯

ルーローハン
魯肉飯

材料（2人分）
豚バラ肉（かたまり）… 200 g
干ししいたけ … 2〜3個
長ねぎ … 1/4本
にんにく … 1かけ
ごま油 … 大さじ1
五香粉 … 小さじ1/4〜1/3
🅐 すき焼きのたれ … 50cc
　水 … 50cc
　しょうゆ … 大さじ1/2
チンゲンサイ … 1株
ゆで卵 … 2個
温かいご飯 … 2人分
塩、黒こしょう … 各適宜
フライドオニオン（あれば）
　… 適宜

作り方
1 干ししいたけはぬるま湯200ccに15分くらいつけて戻し、汁気をきって軸を切り落とし、1.5cm角に切る（戻し汁は残す）。ボウルに🅐を混ぜる。
2 豚肉は1cm厚さに切ってから縦1cm幅に切る。長ねぎ、にんにくはみじん切りにする。
3 鍋を熱してごま油をひき、豚肉、にんにくを入れて、塩、黒こしょうをふって強めの中火で炒める。肉の色が変わったら🅐、五香粉を加えて炒める。
4 なじんだら干ししいたけと戻し汁、ゆで卵を加える。沸いてきたら弱めの中火で、たまに卵を転がしながら10分煮る。
5 チンゲンサイは根元を切り落として、塩少々を加えた熱湯でサッとゆでる。
6 器にご飯を盛って4、5をのせ、長ねぎ、フライドオニオンを散らす。

POINT

五香粉を加えれば
あっという間に本格味

だしが効いてる！

おそば屋さんの カレー丼

材料(2人分)
豚バラ薄切り肉 … 150 g
玉ねぎ … 1/2個
長ねぎ … 1/4本
🅐 水 … 200cc
　 めんつゆ … 60cc
　 酒 … 大さじ1
　 砂糖 … 小さじ1
🅑 片栗粉、水 … 各大さじ1
カレー粉 … 大さじ2
サラダ油 … 大さじ1
塩、黒こしょう … 各少々
温かいご飯 … 2人分
らっきょう … 適宜

作り方
1 豚肉は一口大に切って塩、こしょうをふる。玉ねぎは縦7mm幅に切り、長ねぎは斜め5mm厚さに切る。🅐、🅑をそれぞれ混ぜる。
2 鍋を熱してサラダ油をひき、玉ねぎを中火で炒める。少ししんなりしたら豚肉、長ねぎを加えて炒め、油が回ったらカレー粉を加えて炒める。
3 なじんだら🅐を加えて、中火で7〜8分煮る。火を弱め、再度よく混ぜた🅑を加えて、とろみがつくまで1〜2分煮る。
4 器にご飯を盛って3をかけ、らっきょうを添える。

POINT めんつゆだしがカレーに和風の深みと味わいを

豚バラと 新ごぼうの 炊き込みご飯

豚バラの甘みと ごぼうの風味が 口の中に広がる

材料(2〜3人分)
米 … 2合
豚バラしゃぶしゃぶ用肉
　 … 150 g
新ごぼう … 1/2本(約25cm)
おろししょうが … 1かけ分
白だし … 大さじ1
水 … 360cc
🅐 しょうゆ … 大さじ1
　 酒 … 大さじ1
三つ葉、万能ねぎ … 各適宜

作り方
1 米は洗ってザルにあげ、水気をきる。豚肉は一口大に切る。新ごぼうはささがきにして水にさらし、水気をきる。三つ葉は刻み、万能ねぎは小口切りにする。
2 白だしと水を混ぜる。
3 フライパンを熱して、油をひかずに豚肉、新ごぼうの順に入れて強火で炒める。新ごぼうに豚の油が回ったら、おろししょうが、2の50cc分、🅐を加えて3分炒め煮する。
4 炊飯器に米を入れ、残りの2を注ぎ、3をのせて普通に炊く。炊き上がったら器に盛り、三つ葉と万能ねぎを散らす。

POINT ごぼうは水にさらしてアク抜きを

まろやかスープの
隠し味は、みそ！

豚バラ豆乳鍋

材料（2〜3人分）
豚バラ薄切り肉 … 150g
白菜 … 1/8個
長ねぎ … 1/2本
しめじ、エリンギ
　… 各1/2パック
しいたけ … 2個
春菊 … 1/3束
油揚げ … 1枚
だし昆布 … 5×5cm
Ⓐ豆乳（調整豆乳）… 400cc
　みそ … 大さじ2
　和風だしの素（顆粒）
　　… 小さじ1
食べるラー油 … 適宜

作り方
1 白菜は芯を1cm幅のそぎ切り、葉を2cm
幅のそぎ切りにする。長ねぎは7〜8cm
長さの斜め切りにする。しめじは石づき
を落として小房に分け、エリンギは縦5
mm厚さに切る。しいたけは軸を落として
十字に切り込みを入れる。春菊は根元を
切り落として5cm長さに切る。油揚げは
1cm幅に切る。豚肉は一口大に切る。
2 土鍋にだし昆布を入れ、1の具材を美し
くセットする。
3 Ⓐを混ぜ、2に注ぐ。強めの中火にかけ、
具材に火が通ったらできあがり。
4 器にとり、好みでラー油を垂らして食べ
る。

POINT

豆乳にみそを溶き入れて
まろコクスープに

チーズとの相性が
抜群すぎて
"おかわり"必至

鍋のシメのチーズリゾット

材料(2人分)
ご飯 … 茶碗1杯
しょうゆ … 適宜
ピザ用チーズ … 40g
黒こしょう、ドライパセリ
　… 各適宜
豆乳鍋の残り … 適宜

作り方
1　豆乳鍋の残りを火にかけ(少なければ豆
　乳を足し)、ご飯を加えてひと煮する。
　熱々になったら、しょうゆで味をとと
　のえる。
2　チーズを加えて混ぜながらひと煮して、
　チーズが溶けたら黒こしょう、パセリ
　をふる。

POINT

チーズを加えてひと煮。
最後にパセリで彩りを。

チェダーチーズと
デミソースと
肉汁と♡

チーズハンバーグ

材料 (2人分)
合いびき肉 … 250 g
玉ねぎ … 1/2個
にんにく … 1/2かけ
Ⓐ パン粉 … 大さじ4
　牛乳 … 大さじ2と1/2
　塩、黒こしょう、ナツメグ
　　… 各少々
サラダ油 … 大さじ1
デミグラスソース缶
　… 1/3缶
ケチャップ、水 … 各大さじ2
ウスターソース … 大さじ1
チェダーチーズ(スライス)
　… 2枚
付け合わせ
　にんじん … 6㎝
　いんげん … 6本
　コーン缶(ホール) … 1/2缶
　バター … 10g
　塩、黒こしょう … 各少々

作り方

1 玉ねぎ、にんにくはみじん切りにして
　ボウルに入れ、合いびき肉、Ⓐを入れ
　てよく混ぜる。半分に分けてキャッチ
　ボールをするように空気を抜き、小判
　形にまとめる。真ん中を凹ませる。

2 付け合わせを作る。にんじんは縦6等
　分に切り、いんげんはヘタを取る。耐
　熱容器ににんじん、水大さじ1を入れ
　てフワッとラップをして、600Wの電子
　レンジに2分かける。いんげんを加え
　て、さらに1分～1分半。

3 フライパンを熱してバターを溶かし、
　コーン、2を入れてサッと炒め、塩、
　黒こしょうで味をととのえる。

4 ハンバーグを焼く。フライパンを熱し
　てサラダ油をひき、1を入れて蓋をし
　て弱めの中火で5分焼く。返して、弱
　火にしてさらに5分焼く。

5 いったん火を止めて4の余分な油をキ
　ッチンペーパーでふき取る。よく混ぜ
　たデミグラスソース、ウスターソース、
　ケチャップを加え、再び弱めの中火に
　かけてからめる。ソースがフツフツし
　てきたらハンバーグの上にチーズをの
　せ、蓋をして弱火で溶かす。

POINT

ケチャップとウスター
ソースが隠し味

ラブコール殺到の
鉄板人気レシピ

煮込みハンバーグ

材料 (2人分)
合いびき肉 … 250g
玉ねぎ … 1/4個
パン粉 … 大さじ3
牛乳 … 50cc
ナツメグ、塩、黒こしょう
　… 各少々
にんじん … 1/2本
じゃがいも … 2個
クレソン … 適宜
Ⓐ 水 … 200cc
　固形ブイヨン … 1個
サラダ油 … 大さじ1
ソース
　デミグラスソース缶 … 1缶
　マッシュルーム(水煮缶)
　　… 1缶
　牛乳 … 50cc
　ケチャップ、赤ワイン
　　… 各大さじ1

作り方
1 にんじんは一口大の乱切りに、じゃがいもは大きめの一口大に切って、それぞれ面取りをする。鍋にⒶ、にんじん、じゃがいもを入れて強めの中火でゆでる。竹串がスーッと通ったら取り出す(ゆで汁はとっておく)。
2 玉ねぎはみじん切りにしてボウルに入れ、合いびき肉、パン粉、牛乳、塩、黒こしょう、ナツメグを加えて手でよく混ぜる。半分に分けて小判形にまとめて、真ん中を凹ませる。
3 フライパンを熱してサラダ油をひき、2を並べて強めの中火で両面を焼く。
4 鍋にソースの材料を合わせて煮立てる。
5 1のゆで汁70cc、3のハンバーグを加えて5分ほど煮込む。器に盛りつけ、にんじん、じゃがいも、クレソンを添える。

POINT

肉だねは真ん中を
凹ませて火の通りをよく

ペコっとね!

ガブリと
かぶりつきたい

牛挽肉100%ハンバーガー

材料（3個分）
バンズ … 3個
バター … 少々
牛ひき肉 … 250g
塩 … 適宜
黒こしょう、ナツメグ … 各少々
サラダ油 … 小さじ2
リーフレタス … 2枚
アボカド … 1/2個
トマト（7mm厚さの輪切り）
　 … 3枚
玉ねぎ（7mm厚さの輪切り）
　 … 3枚
チェダースライスチーズ
　 … 3枚
Ⓐマヨネーズ … 大さじ2
┃粒マスタード … 小さじ1
ケチャップ、ホットドッグ用の
　マスタード（あれば）
　 … 各適宜
ポテトチップス、ピクルス
　 … 各適宜

作り方
1 レタスは一口大にちぎり、アボカドは
　皮と種を取り除き、横5mm厚さに切る。
　Ⓐを混ぜておく。
2 ボウルにひき肉、塩、黒こしょう、ナ
　ツメグを合わせて、手でよく混ぜる。
　3等分にして、1cm厚さのハンバーグ
　の形にまとめる。
3 フライパンを熱してサラダ油小さじ1
　をひき、強めの中火で玉ねぎの両面を
　焼く。少し焼き目がついたら取り出す。
4 3のフライパンにサラダ油小さじ1を
　足し、2を入れて強めの中火で焼く。
　焼き目がついたら返して両面を焼く。
5 バンズは厚みを半分に切ってトースタ
　ーで軽く焼き、切り口にバターを塗る。
6 バンズの下になる方の切り口にⒶを塗
　り、レタス、トマト、玉ねぎ、4、チ
　ーズ、アボカドの順に重ねる。ケチャ
　ップ、マスタードをかけて挟む。
7 器に盛って、ポテトチップス、ピクル
　スを添える。

POINT

肉は焼くと縮むから
平たく大きめに整えて

すこし
大きめに

ブランチにも
ぴったりな
メキシコ料理

あまタコス

材料（2人分）
冷凍タコス生地
　（ソフトタイプ）… 4枚
合いびき肉 … 150g
玉ねぎ（みじん切り）
　… 大さじ3
にんにく（みじん切り）… 1/2かけ
オリーブ油 … 大さじ1
塩、黒こしょう … 各少々
Ⓐ ケチャップ、
　　ウスターソース
　　　… 各大さじ1と1/2
　チリパウダー … 小さじ1/2
レタス … 大2枚
アボカド … 1個
レモン汁 … 少々
サルサソース … 大さじ4
ピザ用チーズ … 大さじ4

作り方
1　タコス生地は自然解凍し、フライパンに並べて両面を軽く焼く（1枚ずつでもOK）。
2　レタスは細切りにする。アボカドは縦半分に切り込みを入れて半分に割り、皮と種を取り除く。横7mm厚さに切ってレモン汁をふる。
3　フライパンを熱してオリーブ油をひき、にんにく、玉ねぎを強火で炒める。透き通ってきたらひき肉を加えて塩、黒こしょうをふってほぐしながら炒める。肉の色が変わったらⒶを加えて炒め合わせる。
4　タコス生地にレタス、サルサソース、アボカド、3、チーズの順に等分にのせて包む。

POINT

レタスやサルサソースと
合わせてさっぱりと

うま〜いタコス

ナスと挽肉のピリ辛和え

材料（2人分）
なす … 3本
豚ひき肉 … 160g
グリーンピース缶 … 小1/2缶
にんにく、しょうが … 各1かけ
Ⓐ オイスターソース … 大さじ1
　 酒、みりん、砂糖
　 … 各大さじ1/2
ごま油 … 大さじ1
食べるラー油 … 大さじ1
塩、黒こしょう … 各少々

作り方
1 なすはピーラーで縞目に皮をむいて、一口大の乱切りにする。グリーンピースは缶汁を切る。にんにく、しょうがはみじん切りにする。
2 フライパンを熱してごま油をひき、にんにく、しょうがを中火で炒める。香りが出てきたら、ひき肉を加えてほぐしながら炒める。肉の色が変わったらなすを加えて、塩、黒こしょうをふり、中火で3〜4分くらいしっかり炒める。
3 なすが少ししんなりしたらⒶ、グリーンピースを加えて炒め合わせ、ラー油を加えてザッと混ぜる。

POINT

肉の色が変わったら
なすを加えて炒めて

じゃ
ー
ん

箸が止まらない
旨辛なひと皿

鶏挽肉とれんこんで
さっぱりヘルシー

れんこんの挽肉はさみ焼き

材料（2人分）
れんこん … 小1節（160ｇ）
ししとう … 6本
鶏ひき肉 … 150ｇ
大葉 … 4枚
しいたけ … 2個
しょうが … 1/2かけ
🅐 酒 … 大さじ1
  塩 … 2〜3つまみ
  黒こしょう … 適宜
薄力粉 … 適宜
ごま油 … 大さじ1
七味唐辛子 … 適宜

作り方
1 れんこんは8等分の輪切りにして水にさらす。しいたけは粗みじん切り、大葉はみじん切り、しょうがは千切りに。
2 ボウルにひき肉、大葉、しいたけ、しょうがを入れ、🅐を加えて手でよく混ぜる。
3 れんこんの水けを拭いてまな板に並べ、薄力粉をふる。2を4等分に分けて、薄力粉をふった方を内側にしてれんこんではさみ、さらに表面に薄力粉をふる。
4 フライパンを熱してごま油をひき、3を並べて強めの中火で焼く。焼き目が

ついたら返して、空いているところにししとうを入れて焼く。
5 れんこん、ししとうにこんがりと焼き目がついたらできあがり。器に盛って七味を添える。

POINT　ごま油を熱して中火でこんがり焼く

クリーミィで
優しい味わい

ロールキャベツシチュー

材料（2人分）
キャベツ … 大6枚
鶏ひき肉 … 300g
玉ねぎ … 1/2個
Ⓐ パン粉 … 大さじ4
　卵 … 1個
　塩 … 小さじ1
　牛乳 … 大さじ3
　黒こしょう、ナツメグ … 各少々
うずらの卵（水煮）… 6個
ベーコン … 6枚
水 … 500cc
コンソメ … 3袋（5g／袋）
牛乳 … 100cc
クリームシチュールウ
　… 2片（40g）

作り方
1 キャベツは芯に切り込みを入れて葉を
　はがし、芯をそいでサッとゆでる。少
　ししんなりしたら水にとって冷まし、
　水気をしっかり拭く。
2 玉ねぎはみじん切りにする。ボウルに
　玉ねぎ、鶏ひき肉、Ⓐを入れてよく混
　ぜる。6等分にして、真ん中にうずら
　の卵を入れて俵形にまとめる。
3 1の手前に2を置いて、手前からひと
　巻きし、両端を折り込んでさらに巻く。
　上からベーコンで巻いて、巻き終わり
　を楊枝で留める。
4 3を鍋ぎっちりに入れて、水、コンソ
　メを加えて蓋をして中火で30分煮る。
5 4の煮汁100cc、牛乳を小鍋に入れて火
　にかけ、シチュールウを溶き混ぜる。
　とろみがついたら火を止める。
6 器に4を盛って5をかける。

POINT

**あっさりした鶏挽肉は
クリーム味と相性抜群**

じゅ〜りかけ〜る

お餅を自家製
ミートソースで
洋風に

もちあちグラタン

材料（2人分）
切り餅 … 4個
合いびき肉 … 100g
玉ねぎ … 1/2個
しめじ … 1/2パック
エリンギ … 1/2パック
にんにく（みじん切り）
　　…1かけ
ホールトマト缶
　　… 1缶（約400g）
コンソメ … 2袋（10g）
ピザ用チーズ … 50g
パセリ（みじん切り）… 適宜
塩、こしょう … 各適宜
オリーブ油 … 適宜

作り方
1　玉ねぎはみじん切りにする。しめじは石づきを落として小房に分ける。エリンギは半分に切ってから縦薄切りに。
2　鍋を熱してオリーブ油をひき、にんにくを炒める。香りが出てきたら玉ねぎ、ひき肉を加えてほぐしながら炒める。肉の色が変わったらしめじ、エリンギを加えて炒める。
3　油が回ったら、ホールトマトをざるで濾しながら加える。コンソメを加えて混ぜながら中火で5分煮詰める。味をみて塩、黒こしょうでととのえる。
4　切り餅をグラタン皿にのせ、オーブントースターでこんがり焼く。
5　4に3をかけ、チーズを散らす。チーズが溶けて焼き目がつくまでオーブントースターで5〜10分、様子をみながら焼く。仕上げにパセリをふる。

POINT

**ホールトマトはザルで
濾してなめらかに**

ふわふわ
シュウマイ

材料（2～3人分）
豚ひき肉 … 250g
玉ねぎ … 1/2個
Ⓐ ごま油、オイスターソース、
　　酒、しょうゆ … 各大さじ1
　　塩、黒こしょう … 各少々
シュウマイの皮 … 1袋
レタス … 適宜
ポン酢しょうゆ … 適宜

作り方

1　玉ねぎはみじん切りにしてボウルに入
　　れ、豚ひき肉、Ⓐを加えてよく混ぜる。

2　利き手と反対の手の親指と人さし指で
　　輪っかを作り、上にシュウマイの皮を
　　のせる。1の具をスプーン1杯ほどの
　　せて、輪っかに押し込みつつ、中指と
　　薬指で支えながら包む。バットなどの
　　平らなところに置いて形をととのえる。

3　レタスをちぎってフライパンに敷き詰
　　め、2の半量を並べる。水70ccをフラ
　　イパンの端から注ぎ入れ、蓋をして強
　　めの中火で8分くらい加熱する。残り
　　も同様に。器に盛ってポン酢しょうゆ
　　で食べる。

POINT 蒸し器がなくても、レタスを敷いて蒸し焼きにすれば簡単！

口の中で溶ける♡ふわふわ食感がやみつき

豚アボカドキムチ餃子

材料（2人分）
豚ひき肉 … 200g
にら … 5〜6本
アボカド … 1個
キムチ … 150g
黒こしょう … 適宜
餃子の皮（大判）… 約10枚
サラダ油 … 大さじ1/2
ごま油 … 小さじ1

作り方

1 にらはみじん切りにする。アボカドは縦半分に包丁でぐるりと切り込みを入れて半分に割り、皮と種を取り除いて1.5cm角に切る。キムチは刻む。

2 ボウルにひき肉、キムチ、にら、黒こしょうを入れてよく混ぜ、アボカドを加えてザッと混ぜる。

3 餃子の皮の縁にぐるりと水をつけ、真ん中に2をのせる。包むように半分に折って、左右の角を真ん中

マイルドな
辛さにハマる

見た目も
可愛い

に折りたたむ。

4 フライパンにサラダ油を熱し、3を並べる。チリチリ音がしてきたら水50〜100ccを注ぎ、蓋をして中火で蒸し焼きにする。水分がなくなってきたら蓋を取ってごま油を回し入れ、両面をカリッと焼き上げる。

POINT 包み方をアレンジすれば見た目もおしゃれ

しそと練り梅の
ヘルシー餃子

鶏しそ餃子

材料（2人分）
鶏ももひき肉 … 200g
キャベツ … 大2枚
大葉 … 6枚
塩、黒こしょう … 各少々
練り梅（チューブ）… 適宜
餃子の皮（大判）… 約10枚
サラダ油 … 大さじ1/2
ごま油 … 小さじ1

作り方

1 キャベツ、大葉はみじん切りにする。ボウルに入れてひき肉、塩、黒こしょうを加えてよく混ぜる。

2 餃子の皮の縁にぐるりと水をつけ、真ん中に1をのせ、練り梅少々を加える。包むように半分に折って、数か所ひだを寄せながらぴったり閉じる。

3 フライパンにサラダ油を熱し、2を並べる。チリチリ音がしてきたら水50〜100ccを注ぎ、蓋をして中火で蒸し焼きにする。水分がなくなってきたら蓋を取ってごま油を回し入れ、そのまま底面をカリッと焼き上げる。器に盛って青じそ（分量外）を添える。

POINT キャベツたっぷりの肉だねでヘルシーに

喉越しちゅるん!
あっさり鶏ワンタン

鶏のネギワンタンスープ

材料（2人分）
鶏ひき肉 … 100g
Ⓐ おろしにんにく … 1かけ分
　 おろししょうが
　　… 1/2かけ分
　 塩 … 2つまみ
　 粗びき黒こしょう … 適宜
大葉 … 6枚
ワンタンの皮 … 12枚
鶏がらスープの素（顆粒）
　… 大さじ1強
水 … 500cc
白だし … 大さじ1/2
ごま油、白髪ねぎ、しょうが
　（せん切り）… 各適宜

作り方
1　大葉は軸を落として2等分に切る。ボウルにひき肉、Ⓐを入れてよく混ぜる。ワンタンの皮の周囲に水をつけ、大葉、あんをのせて三角に折って包む。

2　鍋に分量の水、鶏がらスープの素、白だしを入れて火にかけ、沸いてきたら1を加えて3〜4分ゆでる。

3　器によそってごま油をたらし、白髪ねぎ、しょうがをのせる。

POINT

スープに鶏ワンタンを
入れたら3〜4分ゆでる

絶品肉みそあんで
召し上がれ！

肉みそあんかけチャーハン

材料（2人分）
ご飯 … 茶碗2杯強（約400ｇ）
卵 … 3個
サラダ油 … 大さじ2
鶏がらスープの素（顆粒）
　… 小さじ1
肉みそあん
　豚ひき肉 … 150ｇ
　なす … 1本
　長ねぎ … 1/2本
　にんにく、しょうが
　　… 各1かけ
　ごま油 … 大さじ1
　Ⓐ酒 … 大さじ3
　　赤みそ（またはみそ）
　　　… 大さじ1と1/2
　　水、砂糖、オイスター
　　ソース … 各大さじ1
　Ⓑ水 … 100cc
　　片栗粉 … 小さじ1
塩、黒こしょう、一味唐辛子、
万能ねぎ（小口切り）、ごま油
　… 各適宜

作り方
1 肉みそあんを作る。なすは1.5cm角に切り、長ねぎ、にんにく、しょうがはみじん切りにする。
2 Ⓐ、Ⓑをそれぞれ混ぜる。
3 フライパンを熱してごま油をひき、にんにく、しょうがを中火で炒める。香りが出てきたら豚ひき肉を加えて、ほぐしながら炒める。色が変わったら、なすを加えて塩、黒こしょうをふって炒める。
4 なすに油が回ったらⒶを加えてひと煮する。再度よく混ぜたⒷを加えて混ぜ、中火でとろみがつくまで煮詰める。一味をふる。
5 チャーハンを作る。卵は溶く。別のフライパンを熱してサラダ油をひき、卵を流し入れて、すぐにご飯を加えてほぐしながらよく炒める。ご飯がパラッとしてきたら鶏がらスープの素、塩、黒こしょうを加えて味を調える。
6 器にチャーハンを盛って4をかけ、万能ねぎを散らす。

POINT

黄金色ご飯の秘訣は、
卵を流し入れたら
すぐにご飯を投入！

混ぜながら味変を楽しむ

台湾風まぜそば

材料（2人分）
中華麺（生）… 2玉
豚ひき肉 … 200g
長ねぎ … 10cm
万能ねぎ … 3本
にら … 4本
香菜 … 適宜
にんにく、しょうが
… 各1/2かけ
ごま油 … 大さじ1
豆板醤 … 小さじ1/2
オイスターソース、
しょうゆ、酒 … 各大さじ1
Ⓐ 鶏がらスープの素、白練り
ごま、マヨネーズ、しょうゆ
…各小さじ2
かつお節粉、塩、黒こしょう
… 各適宜
卵黄 … 2個分

作り方
1 長ねぎはみじん切りに、万能ねぎは小口切りに、にらは1cm幅に切る。香菜はざく切りにする。にんにく、しょうがはすりおろす。
2 フライパンを熱してごま油をひき、豆板醤、にんにく、しょうがを炒め、香りが出てきたらひき肉を加えて強火で炒める。肉の色が変わったらオイスターソース、酒、しょうゆを加えて炒め合わせ、味を見ながら塩、こしょうでととのえる。
3 器にⒶを半量ずつ混ぜる。
4 中華麺は袋の表示通りにゆで、ゆで汁をきって3に加えて和える。
5 器に4を盛って2、卵黄、長ねぎ、万能ねぎ、にら、香菜を美しく盛りつけ、かつお節粉をかける。よく混ぜながら食べる。

POINT 香味野菜をたっぷり入れて混ざるほどに美味しく！

39

パクパクからあげ

材料（2人分）
鶏もも肉 … 2枚（500g）
しょうが、にんにく … 各1かけ
Ⓐ めんつゆ … 大さじ1.5
　塩 … 小さじ1/4
　黒こしょう … 適宜
片栗粉 … 大さじ7
揚げ油 … 適宜

作り方
1　鶏肉は4cm角くらいに切ってボウルに入れる。すりおろしたにんにく、しょうが、Ⓐを加えて混ぜ、片栗粉大さじ4を加えてさらになじませる。冷蔵庫で30分くらいねかせる。
2　揚げる直前に冷蔵庫から出して、片栗粉大さじ3を加えて全体にまぶす。
3　揚げ油を中温に熱し、2を入れてたまに返しながら中火で4分揚げる。揚げ色がついてきたら強火にしてカリッと仕上げる。

POINT

下味にめんつゆを使えば
簡単＆深みのある味に

た～んと
召し上がれ ♡

揚げたては最高！
いくつでも食べられる

ふわっと柔らかな
食感でペロリ♪

POINT 鶏むね肉は2cm厚さのそぎ切りに

チキンピカタ

材料（2人分）
鶏むね肉 … 大1枚（約300ｇ）
塩、黒こしょう … 各適宜
薄力粉 … 適宜
卵 … 2個
サラダ油 … 大さじ3
トマトソース
ミニトマト … 2個
ケチャップ … 大さじ2
マヨネーズ … 大さじ1
ベビーリーフ … 適宜

作り方
1 トマトソースを作る。ミニトマトは半分に切って種を取り、細かく刻んでケチャップ、マヨネーズと混ぜ合わせる。
2 鶏肉は2cm厚さのそぎ切りにし、塩、黒こしょうをふる。卵は溶きほぐす。
3 フライパンにサラダ油をひいて強めの中火にかける。鶏肉に薄力粉をまぶし、卵をからめてフライパンに入れ、揚げ焼きにする。卵が固まってきたら返して、両面をきつね色に焼き上げる。
4 器に3を盛って1をかけ、ベビーリーフとミニトマト（分量外）を添える。

鶏手羽元と
セリのスープ

材料（2人分）
鶏手羽元 … 4本
せり … 1束
にんにく、しょうが … 各1/2かけ
鶏がらスープの素（顆粒）… 大さじ1
水 … 400cc
塩、黒こしょう、赤唐辛子（小口切り）
… 各適宜

作り方
1 せりは5cm長さに切る。にんにく、しょうがはすりおろす。
2 フライパンに油をひかずに手羽元を並べて強火で焼き、塩、黒こしょうをふる。全体に焼き目がついたら鍋に移し、水、鶏がらスープの素、にんにく、しょうがを加える。
3 強火にかけ、沸いてきたら少し火を弱めて7〜8分煮る。せりを加えてひと煮立ちさせ、味をみて薄ければ塩でととのえる。
4 器に盛って赤唐辛子をのせる。

焼き目をつけた
手羽元で香ばしさを

POINT 手羽元を焼く時は油をひかない＆強火で焼き目をつける

骨付きもも肉の
クリーム煮

材料（2人分）
鶏骨付きもも肉 … 2本
ベーコン … 50g
じゃがいも（メークイン）
　… 3個
芽キャベツ … 6個
小玉ねぎ … 6個
にんじん … 小1本（150g）
Ⓐ薄力粉 … 大さじ2
　溶かしバター … 20g
水 … 400cc
顆粒コンソメ … 1袋（5g）
牛乳 … 300cc
生クリーム … 50cc
サラダ油 … 大さじ1/2
塩、黒こしょう … 各適宜

作り方
1　ベーコンは1cm幅に切る。じゃがいもは4等分に切る。小玉ねぎはへたと根元の部分を少し切り落とす。にんじんは小さめの乱切りに。Ⓐをよく混ぜ合わせる。

2　フライパンを熱してサラダ油をひき、鶏肉の皮を下にして塩、黒こしょうをふって強火で焼く。皮にしっかり焼き目がついたら鍋に移す。

3　2のフライパンにベーコン、じゃがいも、にんじん、芽キャベツ、小玉ねぎを加えて炒める。油が回ったら鍋に移す。

4　水、コンソメを加えて蓋をして強めの中火でたまに混ぜながら15分煮る。じゃがいもに火が通ったらⒶ、牛乳、生クリーム、塩小さじ1/2を加えて蓋をして5分煮る。味をみて、薄ければ塩でととのえる。

POINT

ひっくり返したい欲を
抑えて皮パリに！

43

盛り上がる主役チキン♪

一匹丸ごとジャークチキン
＋焼き野菜とディップ

材料（4〜5人分）

ローストチキン
丸鶏 … 1羽
塩 … 小さじ1
黒こしょう … 適宜
おろしにんにく、おろししょうが
　… 各小さじ1
🅐 水 … 50cc
　ジャークチキンスパイス
　　… 30g
タイム、ローズマリー
　… 各適宜
オリーブ油 … 大さじ2
はちみつ … 大さじ1

焼き野菜
じゃがいも … 3個
ブロッコリー … 1個
にんじん … 1/2本
小玉ねぎ … 6個
🅑 オリーブ油 … 大さじ1/2
　バジル（乾燥）… 小さじ1/2
　塩 … 小さじ1/4
　黒こしょう … 適宜

ディップ2種
ごまみそマヨ
　マヨネーズ … 大さじ2
　白練りごま … 小さじ1
　みそ … 小さじ1/2
　砂糖 … 少々
コチュジャンマヨ
　マヨネーズ … 大さじ2
　コチュジャン … 小さじ1/2

作り方

1 鶏肉は調理30分前に冷蔵庫から出して室温に戻す。お腹の中までよく洗ってキッチンペーパー等で水気をふき取り、表面に塩、黒こしょう、おろしにんにく、おろししょうがの順によくすり込む。混ぜた🅐を、表面とお腹の中までまんべんなく塗る。

2 焼き野菜のじゃがいもは皮をむいて食べやすく切り、にんじんは皮つきのまま乱切りにして耐熱容器に入れる。フワッとラップをして600Wの電子レンジに4〜5分かける。

3 ブロッコリーは小房に切り分け、小玉ねぎは皮をむいて上下を切り落とす。ボウルに入れ、2、🅑を加えて和える。

4 天板に1、3を並べる。1の上にハーブをのせ、アルミホイルをかぶせて210℃に温めたオーブンで30分焼く。

5 いったんオーブンから出し、アルミホイルをはずして焼き上がった野菜とハーブを取り出す。オリーブ油とはちみつを混ぜたものを鶏肉に塗り、再び210℃のオーブンで20〜30分焼く。

6 鶏肉をオーブンから出し、取り出しておいた焼き野菜と一緒に盛りつける。ごまみそマヨとコチュジャンマヨの材料をよく混ぜ合わせて添える。

☆ おもてなしにも ぴったり！！！

POINT

スパイスを鶏肉に
まんべんなくすり込む

 オーブンへ

ピリ辛鶏肉×たっぷり野菜×とろ〜りチーズ！

チーズダッカルビ

材料（2人分）
鶏もも肉 … 2枚（約550g）
Ⓐコチュジャン … 大さじ2
　しょうゆ … 大さじ1/2
　おろしにんにく、
　　おろししょうが
　　… 各1/2かけ分
　砂糖 … 小さじ1
　塩 … 3つまみ
キムチ … 50g
にら … 1/2束
玉ねぎ … 1/4個
ブロッコリー … 1/2個
ごま油 … 大さじ1
ピザ用チーズ … 150g
リーフレタス、赤唐辛子
　　… 各適宜

作り方
1　鶏肉は一口大に切ってボウルに入れ、Ⓐを加えてよくもむ。冷蔵庫で30分くらいなじませる。
2　にらは10cm長さに切り、玉ねぎは縦5mm厚さに切る。ブロッコリーは小房に切り分けて耐熱皿に入れ、水大さじ1をふりかける。フワッとラップをして、500Wの電子レンジに1分かける。
3　フライパン等を熱してごま油をひき、鶏肉を入れて強めの中火で5〜6分炒める。火が通ったら玉ねぎ、ブロッコリー、にら、キムチを並べて、蓋をして中火で5分加熱する。玉ねぎがしんなりしたら、具材を両脇に寄せて、空いたところにチーズを加える。チーズが溶けたらできあがり。
4　リーフレタス、赤唐辛子、キムチ（分量外）を添え、好みでレタスで巻きながら食べる。

POINT

鶏肉は下味をつけ
冷蔵庫で30分なじませる

炊飯器で鶏肉まで
ふっくら炊き上げ！

簡単カオマンガイ

材料（2人分）
米 … 2合
鶏もも肉 … 1枚（約300g）
下味（酒 … 小さじ2、
塩 … 小さじ1
黒こしょう、ナンプラー … 各少々
長ねぎ（青い部分）… 1本分
しょうが（3等分に切る）… 1かけ
Ⓐ 鶏がらスープ … 大さじ1
　水 … 350cc
　酒、ナンプラー
　　… 各大さじ1
　しょうゆ … 小さじ1/4
タレ
　長ねぎ（みじん切り）
　　… 大さじ1
　にんにく（みじん切り）
　　… 1/2かけ
　水、ナンプラー、しょうゆ、
　　砂糖 … 各小さじ1
　レモン汁 … 小さじ1/2
　おろししょうが … 少々
スイートチリソース … 適量
トマト、レモン、香菜
　… 各適量

作り方
1 鶏肉の身は筋を断つように切り込みを入れ、皮は包丁の先でブスブス穴をあける。下味をつけてもみ込む。
2 Ⓐを混ぜる。
3 米は洗って炊飯釜に入れ、2を加えて混ぜる。1、長ねぎ、しょうがを入れてそのまま普通に炊く。
4 タレの材料を混ぜる。
5 炊き上がったら鶏肉を取り出し、米を軽くほぐして蒸らす。鶏肉は横半分に切ってから縦1cm幅に切る。
6 器に5のご飯、鶏肉を盛って4、スイートチリソース、トマト、レモン、香菜を添える。

POINT

鶏肉を炊飯器で炊くと
ふんわり柔らか♪

47

ニューヨーカーに愛される屋台メシ

CHICKEN
鶏

チキンオーバーライス

材料（2人分）
鶏むね肉 … 1枚（約300ｇ）
クレイジーソルト
　… 小さじ2/3
にんにく、しょうが … 各1かけ
オリーブ油 … 大さじ1
酒 … 大さじ1
ブロッコリー … 1/2個
ベビーリーフ、フライドオニオン
　パセリ（みじん切り） … 各適宜
ソース
　プレーンヨーグルト
　　… 大さじ1
　マヨネーズ … 大さじ2
　塩 … 少々
サフランライス
　米 … 2合
　サフラン … 1つまみ
　鶏がらスープ（顆粒）
　　… 小さじ1

作り方
1 サフランライスを炊く。米は洗ってザ
　ルに上げ、水気をきる。炊飯釜に入れて、
　水を目盛りに合わせてサフラン、鶏が
　らスープを加えて普通に炊く。
2 ブロッコリーは小房に切り分けて耐熱
　容器に入れ、水を大さじ1ふりかける。
　ふんわりラップをして、電子レンジ強
　に2〜3分かける。
3 ソースの材料を混ぜる。にんにくは横
　薄切りにする。
4 鶏肉は身の方に包丁で切り込みを入れ、
　皮の方に刃先を数か所刺す。鶏肉を3
　cm幅に切り、しょうがをすりおろして
　なじませ、クレイジーソルトをふる。
5 フライパンを熱してオリーブ油をひき、
　にんにく、4の鶏肉を皮を下にして入
　れ、中火で4分焼く。焼き目がついたら、
　返して3分焼く。酒を加えて蓋をして、
　1分焼く。途中、先ににんにくに焼き
　目がついてきたら取り出しておく。
6 器にサフランライスを盛ってベビーリー
　フ、鶏肉、ブロッコリーを添え、ソース
　をかける。フライドオニオン、パセリを
　散らす。

POINT

鶏肉は包丁で身に
切り込み、皮に刃先を
数か所刺す

アツアツを
はふはふ
食べたい♡

チキンドリア

材料（2人分）
米 … 2合
❹サフラン … 1つまみ
　コンソメ（顆粒）… 1袋（5g）
鶏もも肉 … 300g
玉ねぎ … 1/2個
にんにく … 1かけ
しめじ、エリンギ、
　マッシュルーム
　　… 各1/2パック
❺ホワイトソース缶 … 1缶
　牛乳 … 150cc
　コンソメ … 1袋（5g）
サラダ油 … 大さじ1/2
バター … 10g
塩、黒こしょう、
　パセリ（みじん切り）
　　… 各適宜
ピザ用チーズ … 40g

作り方
1 米は洗って炊飯釜に入れる。2合の目
　盛りに合わせて水を入れ、❹を加えて
　混ぜ、普通に炊く。
2 にんにくはみじん切りにする。しめじ
　は石づきを落として小房に分ける。玉
　ねぎは縦半分に切ってから横5mm厚さ
　に、エリンギは長さを半分に切ってか
　ら縦1cm幅に、マッシュルームは軸ご
　と5mm厚さに切る。鶏肉は一口大に切
　って塩、黒こしょうをふる。
3 フライパンを熱してサラダ油をひき、
　鶏肉の皮を下にして入れて強火で焼く。
　皮に焼き目がついたら返し、にんにく、
　玉ねぎを加えて中火で炒める。玉ねぎ
　が少ししんなりしたら、きのこを加え
　て炒める。油が回ったら❺を加え、フ
　ツフツしてきたら弱めの中火で5〜7
　分ほど煮る。バターを加えて混ぜ、塩、
　黒こしょうで味をととのえる。
4 耐熱皿にサフランライスを入れて3を
　かけ、チーズをのせて、トースターで
　12分ほど焼く。焼き目がついたらパセ
　リをふる。

POINT

米はサフランと
コンソメを加えて炊く

鶏手羽元の
洋風おでん

材料（2〜3人分）
鶏手羽元 … 4本
トマト … 2個
ブロッコリー … 1/2個
かぶ … 2個
じゃがいも … 2個
おでんの種（好みのもの）
　　… 6〜8個
スープ
|　水 … 1ℓ
|　だし昆布 … 10㎝
|　チキンブイヨン（顆粒）
|　　… 2袋（10g）
塩 … 適宜

作り方

1　トマトはヘタを残したまま湯むきをする。ブロッコリーは小房に切り分ける。かぶは茎を少し残して皮をむき、縦4等分に、じゃがいもは皮をむいて縦半分に切る。

2　鍋にスープの材料を入れて強火にかける。沸いてきたら手羽元、じゃがいもを加えて10分、残りの具材を加えて5分煮る（湯むきしたトマトは煮崩れしやすいので、様子を見ながら最後に入れる）。

3　味をみて、薄ければ塩でととのえる。

POINT

丸ごとトマトはヘタを
残したまま湯むきに

鶏と野菜の旨味が
溶け出す極上だし

煮込んでこっくり
美味しい♡

鶏の赤みそちゃんこ鍋

材料（4人分）
鶏つくね

| 鶏ひき肉 … 200g
| 大葉 … 6枚
| 長ねぎの青い部分
| … 10cm
| おろししょうが
| … 1/2かけ分
| 塩 … 小さじ1/4
| 黒こしょう … 適宜
鶏もも肉 … 1枚
牡蠣 … 300g
厚揚げ … 1枚
糸こんにゃく … 1袋
せり … 1束
長ねぎ … 1本
白菜 … 1/8個

エリンギ … 1本
しめじ … 1パック
Ⓐ水 … 500cc
| 和風だし(粉末) … 1袋
| みりん … 大さじ4
| 酒 … 大さじ3
赤みそ … 約大さじ4

作り方

1 鶏つくねを作る。長ねぎの青い部分、大葉はみじん切りにしてボウルに入れ、鶏ひき肉、おろししょうが、塩、黒こしょうを加えてよく混ぜる。

2 鶏肉は一口大に切り、厚揚げは横1cm厚さに切る。糸こんにゃくは洗って水気をきり、適宜切る。せりは3cm長さに切り、長ねぎは1cm厚さの斜め切り

に、白菜は2cm幅のそぎ切りにする。エリンギは縦5mm厚さに切り、しめじは石づきを落としてほぐす。

3 牡蠣は優しく洗って水気を拭く。

4 土鍋にⒶを入れて煮立て、赤みそを溶き入れる。鶏肉、厚揚げ、糸こんにゃく、エリンギ、しめじを入れて煮る。鶏肉に火が通ったら鶏つくねを団子状に丸めながら加え、長ねぎ、白菜を加えて煮る(具材はいっぺんに加えなくてよい)。

5 鶏つくねに火が通ったら牡蠣を加えてひと煮し、せりを散らす。味見して薄ければ赤みそを加える。具材は随時足して煮る。

POINT 網じゃくしなどで赤みそを溶き入れるとダマにならない

旨エキスが凝縮した
だしで作るシメの一皿

鍋のシメのきしめん

材料（4人分）
きしめん … 200g
油揚げ … 1/2枚
かまぼこ … 8切れ
万能ねぎ（小口切り）、
　白すりごま … 各適宜
卵黄 … 4個分

作り方
1 きしめんは袋の表示通りにゆで、洗っ
　て水気をきる。
2 鍋の残り汁に1、細切りにした油揚げ、
　かまぼこを入れてひと煮する。器によ
　そって卵黄を落とし、万能ねぎ、白す
　りごまを散らす。

POINT

かまぼこと板の間に
包丁の背を差し込んで
そのまま横へ滑らせる
ときれいに外れる

バターが香る
まろやかカレー

バターチキンカレー

材料（3〜4人分）

鶏もも肉 … 2枚（約500g）
🅐 カレー粉 … 小さじ4
　 プレーンヨーグルト
　　 … 100g
　 塩 … 小さじ1/4
玉ねぎ … 1個
にんにく、しょうが
　　 … 各1/2かけ
🅑 ダイストマト缶 … 1缶（約400g）
　 水 … 100cc
　 チキンブイヨン（顆粒） … 1袋（5g）
　 カレー粉 … 小さじ2
　 塩 … 小さじ1/4
　 黒こしょう … 適宜
生クリーム … 50cc
バター … 65〜70g
塩、黒こしょう … 各適宜
ナン（市販品） … 2〜3枚
香菜 … 適宜

作り方

1 鶏肉は皮を取り除いて余分な脂身を取り除き、一口大に切る。保存袋に入れ、🅐を加えて上からよくもみ込み、冷蔵庫で30分くらい漬ける。

2 玉ねぎ、にんにく、しょうがはみじん切りにする。

3 鍋にバター20gを溶かし、玉ねぎ、にんにく、しょうがを中火で8〜10分炒める。しんなりしたら1、🅑を加えて混ぜながら弱火で5分煮る。生クリームを加えて2分煮、残りのバターを加えて混ぜ、火を止める。味をみて塩、黒こしょうでととのえる。

4 ナンはトースターで温め、バターを5gずつ（分量外）のせて塗る。

5 器に3を盛って生クリーム適宜（分量外）を回しかけ、香菜、ナンを添える。

POINT 鶏肉は皮と余分な脂身を取り除く下処理を

しっとり柔らか♪
喜ばれる
おもてなし肉料理

低温調理のローストビーフ

材料(3~4人分)
牛もも肉 … 500g
にんにく … 1かけ
オリーブ油 … 大さじ1
セロリの葉 … 適宜
塩、黒こしょう … 各適宜
りんご … 1/2個
しょうが … 1かけ
Ⓐ水 … 100cc
しょうゆ … 大さじ3
酒 … 大さじ2
砂糖、みりん
… 各大さじ1
バター … 10g
付け合わせ
玉ねぎスライス(水に
さらしたもの)、
ルッコラ、クレソン等
… 各適宜

作り方

1 牛肉は30分前に冷蔵庫から出しておく。塩、黒こしょうをふってまぶし、にんにくをすりおろして全体になじませる。フライパンをよく熱してオリーブ油をひき、牛肉を入れて強火で返しながら全面に焼き目をつける。バット等に取り出して、少し冷ます。

2 牛肉の上にセロリの葉をのせてラップで包み、密閉袋(100℃以上対応のもの)に入れ、空気を抜いて閉じる。

3 鍋に湯を沸かして2を入れて、浮いてこないようにボウルなどで重しをし、弱火で10分加熱する。火を止めてそのまま20分おいておく。鍋から取り出し、密閉袋から出した肉をアルミホイルで包んで休ませる。

4 ソースを作る。りんご、しょうがをすりおろして小鍋に入れてザッと炒め、Ⓐを加えて中火で5~6分煮詰める。

5 3をスライスして盛りつけ、付け合わせと4のソースを添える。

POINT 牛肉は調理を始める30分前に冷蔵庫から出して常温に戻す

シャキッと歯応え！
ご飯もビールも進む♪

牛肉とにんにくの芽の 炒めもの

材料（2人分）
牛切り落とし肉 … 200g
にんにくの芽 … 1袋
にんにく、しょうが
　… 各1かけ
ごま油 … 大さじ1
Ⓐ しょうゆ … 大さじ1と1/2
　酒、砂糖 … 各大さじ1
　オイスターソース
　… 小さじ2

作り方
1 にんにくの芽は長さ4等分に切り、にんにく、しょうがはみじん切りにする。Ⓐを混ぜておく。
2 フライパンを熱してごま油をひき、にんにく、しょうがを弱火で炒める。香りが出てきたら牛肉を加えて、ほぐしながら強めの中火で炒める。肉の色が半分くらい変わったらにんにくの芽を加えて炒める。
3 にんにくの芽に火が通ったらⒶを加えてザッと炒め合わせる。

POINT

にんにく、しょうがの香りが
出てきたら牛肉を投入

砕いたナッツの食感が楽しい

牛肉と豆苗とナッツの炒め物

材料（2人分）
牛切り落とし肉 … 200 g
豆苗 … 1束
ミックスナッツ
　（カシューナッツ、アーモンド、
　ピーナッツ等）… 30 g
Ⓐ酒、みりん
　　… 各大さじ1/2
　オイスターソース
　　… 小さじ2
　しょうゆ … 小さじ1
　砂糖 … 小さじ1/2
サラダ油、ごま油
　… 各大さじ1/2
黒こしょう … 少々

作り方
1 豆苗は根元を切り落とす。ミックスナッツはビニール袋に入れて、上から包丁の柄やお玉などで叩いて砕く。Ⓐを混ぜておく。
2 フライパンを熱してサラダ油、ごま油をひき、牛肉を入れて黒こしょうをふり、強火で炒める。肉の色が変わったらⒶ、豆苗を加えてザッと炒め合わせる。火を止めて、ナッツを加え混ぜる。

POINT

タレの調味料は混ぜておくとスムーズ

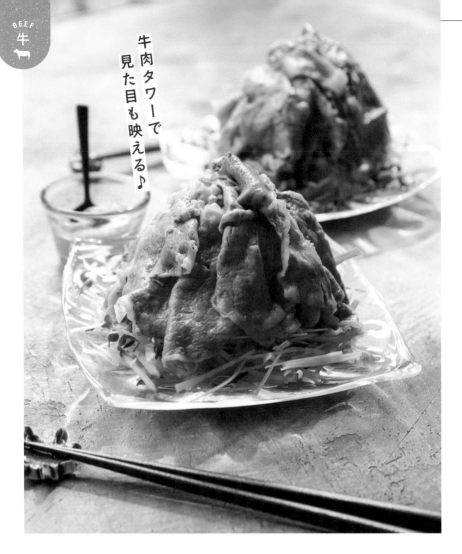

牛肉タワーで
見た目も映える♪

牛冷しゃぶ

材料(2人分)
牛ロースしゃぶしゃぶ用肉
　… 200〜250g
酒 … 少々
大根 … 5cmの縦半分
にんじん … 5cm
きゅうり … 1本
貝割れ … 1/2パック
レタス … 1/4個
Ⓐ 白練りごま
　ポン酢 … 各大さじ3

作り方
1　大根、にんじんは縦せん切りに。きゅうりは斜め5mm厚さに切ってから縦細切りにする。貝割れは根元を切り落とす。
2　Ⓐを混ぜておく。
3　鍋に湯を沸かして酒を加え、牛肉を1枚ずつ弱火でゆでる。色が変わったら水にとって冷まし、ザルにあげて水けをきる。
4　器に1を混ぜて盛り、3をのせる。2をかけながら食べる。

POINT

牛肉は1枚ずつゆでて、
色が変わったら
冷水にとって冷ます

牛モモステーキ アスパラソテー

材料(2人分)
牛肉(モモ、ヒレなど)
　… 2枚(150g/人)
塩、黒こしょう
　… 各適宜
アスパラ … 1束
にんにく…1かけ
サラダ油 … 大さじ1
　(または牛脂 … 1個)
白ワイン … 大さじ1
ソース
りんご … 1/4個
玉ねぎ … 1/8個
Ⓐ酒 … 大さじ2
　しょうゆ … 大さじ1
　オリーブ油 … 小さじ1
　バター … 10g

作り方

1 牛肉は焼く30分くらい前に冷蔵庫から出して室温に戻す。筋切りをして塩、黒こしょうをふる。にんにくは縦薄切りにする。アスパラは下2cmを切り落とし、長さを半分に切る。

2 ソースのりんごと玉ねぎはすりおろす。

3 フライパンを熱してサラダ油をひき、にんにくを中火で炒める。香りが出てきたら牛肉を入れて強火で焼く。焼き目がついたら返し、空いているところにアスパラを下部分、上の部分の順に入れ、アスパラに塩、黒こしょうをふってザッと炒める。

4 白ワインを加えて蓋をして30秒蒸し焼きに。肉とアスパラを取り出して、肉はアルミホイルに包んでおく。

5 4の残った肉汁に2を加えて加熱する。フツフツしてきたらⒶを加えて混ぜながらひと煮する。

6 4の肉を食べやすく切って器に盛り、5のソースをたっぷりかける。アスパラを添える。

ソースも美味しい

POINT 最後は余熱で火を通して

カルビたっぷりの満腹巻き！

カルビの生春巻き　スイートチリソース

材料（4本分）
生春巻きの皮 … 4枚
牛カルビ肉（焼肉用）… 130ｇ
塩、黒こしょう … 各適宜
サニーレタス … 2枚
きゅうり … 1/2本
貝割れ … 1/3パック
にんじん … 小1/2本
大根 … 4cm
大葉（縦半分に切る）… 4枚
焼肉のタレ（市販）
　… 大さじ1/2
タレ
　おろしにんにく、
　　おろししょうが
　　… 各少々
　パイナップルジュース
　　（100％）… 50cc
　砂糖 … 大さじ1/2
　豆板醤 … 小さじ1/2
　塩 … 少々
赤唐辛子（小口切り）… 適宜

作り方
1 タレを作る。小鍋ににんにく、しょうが、パイナップルジュース、砂糖、豆板醤を加えて中火で3〜4分煮る。塩を加えて、味をととのえる。
2 サニーレタスは手で軽くたたいてからちぎる。貝割れは根元を切り落として刻む。きゅうり、にんじん、大根はスライサーでせん切りにする。
3 フライパンに肉を並べて塩、黒こしょうをふり、強火にかける。両面を焼き、火を弱めて焼肉のタレを加えてからめる。
4 固く絞った布巾をまな板に広げ、生春巻きの皮を水にさっとくぐらせて布巾の上に置く。大葉1枚分、1/4量の2と3をのせる。包むように手前の皮をかぶせ、両端を折り込み、手前からクルクルと巻く。残りも同様に。斜め半分に切って器に盛り、1のタレ、赤唐辛子を添える。

POINT 春巻きの皮はサッと水にくぐらせる

ピリッ×肉厚×とろ～りの
3大美味しい要素をIN

焼肉キムチチーズチャーハン

材料(2人分)
温かいご飯
　… 茶碗2杯分(350g)
牛または豚カルビ肉 … 150g
キムチ … 150g
長ねぎ … 1/2本
ごま油、サラダ油
　… 各大さじ1
鶏がらスープの素(顆粒)
　… 小さじ1
焼肉のタレ … 大さじ1/2
ピザ用チーズ … 60g
塩、黒こしょう、クレソン
　… 各適宜

作り方
1 キムチは刻み、長ねぎは粗みじん切りにする。カルビ肉は塩、黒こしょうをふる。
2 フライパンを熱してごま油、サラダ油をひき、長ねぎ、ご飯を入れてほぐしながら強火で炒める。ご飯がパラッとしてきたら、キムチを加えて炒め合わせる。味を見ながら塩でととのえる。
3 別のフライパンを熱し、油をひかずに肉を並べて強火で両面を焼く。焼肉のタレに鶏がらスープの素を加え混ぜ、からめる。器に2を盛って熱々の肉をのせる。
4 すぐに3にピザ用チーズをのせ、クレソンを添える。

夢のコラボ♪

POINT カルビ肉は油をひかずに強火で両面焼く

61

きつね色のかつに
こっくりデミグラス
ソースをかけて

デミ牛かつ丼

材料(2人分)
牛赤身ステーキ肉 … 2枚
塩、黒こしょう … 各少々
溶き卵 … 1個分
薄力粉、パン粉(あれば
　細目のもの) … 各適宜
サラダ油 … 適宜
ソース
｜ハヤシライスのルウ
　(市販品) … 1かけ
水 … 100cc
｜とんかつソース、
　ケチャップ … 各大さじ1
キャベツのせん切り … 適宜
温かいご飯 … 2人分

作り方
1 ソースを作る。鍋に水とルウを入れ、中火にかけて溶き混ぜる。とんかつソース、ケチャップを加えてよく混ぜる。
2 牛肉は室温に15分くらい置いてから塩、黒こしょうをふり、薄力粉、溶き卵、パン粉の順につける。
3 フライパンにサラダ油を深さ1cmくらい入れて中温にし、2を入れて中火で3〜4分揚げる。衣が固まってきたら返してきつね色に揚げる。取り出して3分置き、そのまま余熱で火を通す。
4 3を食べやすく切る。
5 器にご飯を盛ってキャベツ、4をのせ、1をかける。

POINT

デミソースの隠し味は
とんかつソースと
ケチャップ!

おんたまを
絡めて食べたい♡

天野家の牛丼

材料(2人分)
牛切り落とし肉 … 250ｇ
玉ねぎ … 1/2個
Ⓐ すきやきのたれ … 大さじ5
　めんつゆ（3倍濃縮）
　　… 大さじ3〜4
　水 … 200cc
　おろししょうが … 1/2かけ分
温かいごはん … 2人分
温泉卵 … 2個
七味唐辛子 … 適宜
紅しょうが … 適宜

作り方
1　玉ねぎは縦3mm厚さの薄切りにする。
2　鍋にⒶを混ぜて火にかけ、玉ねぎを加えて、たまに混ぜながら強めの中火で6〜8分煮る。玉ねぎがしんなりしたら牛肉を加えて2分煮る。沸騰し、アクが出たらすくって取り除く。
3　器にごはんを盛って2を汁ごとかける。真ん中に温泉卵を落とし、七味をふって紅しょうがを添える。

POINT 牛肉のアクは丁寧にすくって雑味のない味に

とろとろ柔らか♡
コラーゲンたっぷり！

牛すじシチュー

材料（4人分）

牛すじ（ボイル済み・冷凍）
　… 約400ｇ
玉ねぎ … 1個
にんじん … 1本
マッシュルーム … 1パック
ブロッコリー … 1/2個
バター … 20ｇ
赤ワイン … 50cc
水 … 600cc
デミグラスソース缶
　… 1缶（290ｇ）
ビーフシチューのルウ
　… 1/2箱（約50ｇ）
ビーフコンソメ … 1個
塩、黒こしょう … 各適宜

作り方

1　玉ねぎは縦4等分に切ってから横1cm厚さに切る。にんじんは小さめの乱切りにする。マッシュルームは石づきを取って縦4等分に切る。

2　鍋を熱してバターを溶かし、にんじん、玉ねぎを強めの中火で5〜6分炒める。玉ねぎがしんなりしたらマッシュルームを加えて、塩、黒こしょう各少々をふって強火で炒める。

3　油が回ったら赤ワイン、水、コンソメ、凍ったままの牛すじを加える。沸いてきたらアクを取りながら弱めの中火で20分煮る。

4　ブロッコリーは小房に切り分け、塩少々を加えた熱湯でさっとゆでる。

5　3にデミグラスソース、ビーフシチューのルウを入れ、たまに混ぜながら弱めの中火で10分煮る。ブロッコリーを加えて、さらに5分煮る。

あったまるぅ〜♪

POINT　冷凍の牛すじを使えば下処理いらず！

いつものカレーに飽きたら絶対コレ！

牛すじカレー

材料(4人分)
牛すじ(ボイル済み・冷凍)
　… 200ｇ
玉ねぎ … 1個
バター … 20ｇ
🅐ローリエ … 1枚
　ブーケガルニ … 1パック
　ビーフコンソメ … 1個
　にんじん、トマトジュース
　　(各100%)、
　　水 … 各100cc
　塩、こしょう … 各少々
カレールウ(辛口) … 100ｇ
水 … 200cc
温かいご飯 … 適宜
ピクルス、らっきょう
　… 各適宜

作り方
1 玉ねぎはみじん切りにする。
2 鍋を熱してバターを溶かし、玉ねぎを強火で炒める。しんなりしたら、凍ったままの牛すじを加えてザッと炒める。
3 🅐を加えて5〜6分煮る。
4 ローリエ、ブーケガルニを取り出す。カレールウ、水を加えて、とろみがつくまで煮込む。
5 器にご飯を盛って4をかけ、ピクルス、らっきょうを添える。

POINT　玉ねぎをバターで炒めるとコク&風味アップ

65

人気の
名古屋グルメを
お家で堪能

超簡単どて煮

材料(2人分)

牛すじ(ボイル済み・冷凍)
　… 200g
豚の白もつ(下ゆで済み)
　… 200g
こんにゃく … 1枚
木綿豆腐 … 1丁
長ねぎ … 10cm
しょうが … 2かけ
水 … 500cc
酒 … 200cc
Ⓐ 赤みそ … 100g
　砂糖 … 大さじ3
　しょうゆ … 大さじ1
温かいご飯 … 2人分
卵黄 … 2個分
七味唐辛子 … 適宜

作り方

1 こんにゃくはザッと洗って一口大にちぎ
　る。豆腐は洗って半分に切る。長ねぎは
　小口切りにする。しょうがが1かけはせん
　切りにし、残り1かけはすりおろす。

2 白もつは軽く洗う。鍋に白もつ、牛すじ、
　こんにゃく、水、酒を入れて強火にかけ
　る。沸いてきたらアクを取り、Ⓐ、おろ
　ししょうがを加えて弱火で1時間煮る。

3 豆腐を加えて、さらに40分ほど弱火で
　煮る。

4 器に盛って長ねぎ、しょうがのせん切り、
　七味唐辛子をふる。どんぶりにご飯を盛
　ってどて煮をかけ、卵黄を落として食べ
　ても美味しい。

POINT こんにゃくは手でちぎると味が絡みやすい

これさえ覚えればあっという間に3品完成！

3wayレシピ

NIKUDANE

冷凍保存
しておくと便利

MUSHIDORI

CHASHU

すき焼きのタレ
×めんつゆで作る

電子レンジで
お手軽調理

レパートリーが増える！

アレンジ自在の最強レシピ

魔法の肉だね

小分けにして冷凍保存しておけば、忙しい日の時短な一皿やお弁当にも！
焼いても、揚げても、蒸しても美味しい献立の強い味方。

ベースはこれ！

魔法の肉だね

材料（1回分）
合いびき肉 … 250g
玉ねぎ … 大1/2個
にんにく … 1/2かけ
パン粉 … 大さじ4
牛乳 … 大さじ2と1/2
塩、黒こしょう … 各適宜

作り方
1 玉ねぎ、にんにくはみじん切りにして
　ボウルに入れ、合いびき肉、パン粉、
　牛乳、塩、黒こしょうを加えてよく混
　ぜる。

MAHO NO NIKUDANE

01

きつね色に
揚げてサックリ！

メンチカツ

材料（2人分）
肉だね … 1回分
溶き卵 … 1個分
薄力粉、パン粉、揚げ油
　… 各適宜
せん切りキャベツ、くし形に
切ったトマト、中濃ソース
　…各適宜

作り方
1 肉だねを4等分に分けて、キャッチボールをするように空気を抜き、小判形にまとめる。薄力粉をまぶし、溶き卵をからめ、パン粉を押さえながらしっかりまぶす。
2 揚げ油は中温に熱し、1を入れて中火で揚げる。衣が固まってきたら、たまに返しながら7〜8分揚げる。きつね色になったら油をきって取り出す。
3 器に盛ってキャベツとトマトを添え、中濃ソースをかけて食べる。

MAHO NO NIKUDANE

02

あんに絡めてジューシー

甘酢肉団子

材料（2人分）
肉だね … 1回分
薄力粉、揚げ油 … 各適宜
Ⓐ酢、しょうゆ
　　… 各大さじ2
　砂糖、ケチャップ、酒
　　… 各大さじ1
　水 … 小さじ2
　片栗粉 … 小さじ1
リーフレタス、白髪ねぎ
　　… 各適宜

作り方
1　肉だねを4cmくらいのボール状に丸め、表面に薄力粉をまぶす。
2　揚げ油を中温に熱し、1を入れて弱めの中火で6分半程揚げる。油をきって取り出す。
3　フライパンにⒶを混ぜてから中火にかけ、2を加えてとろみがつくまで絡めながら加熱する。
4　器にリーフレタス、3を盛り、最後に白髪ねぎをのせる。

MAHO NO NIKUDANE

03

ふっくら焼き上げて
さっぱりいただく♡

和風ハンバーグ

材料（2人分）
肉だね … 1回分
サラダ油 … 大さじ1/2
しいたけ … 2個
えのき、エリンギ
　… 各1/2パック
大根おろし … 5㎝分
万能ねぎ（小口切り）、塩
　ポン酢しょうゆ … 各適宜

作り方

1　しいたけは石づきを取って縦1㎝厚さに切り、えのきは根元を落としてほぐし、エリンギは縦半分に切る。

2　肉だねを4等分に分けて、キャッチボールをするようにしながらハンバーグ形にまとめ、真ん中を凹ませる。

3　フライパンを熱してサラダ油をひき、2を並べて蓋をして弱めの中火でじっくり焼く。両面を焼いたらきのこを加えて、きのこに塩少々（分量外）をふって焼く。きのこに少し焼き目がついたらできあがり。

4　器にハンバーグときのこを盛る。ハンバーグの上に水けを絞った大根おろしをのせ、ポン酢しょうゆをかける。最後に万能ねぎを散らす。

電子レンジでチン！で鶏肉しっとり

万能蒸し鶏

難しい調理器具やプロセスなんて必要なし！
5分でできる蒸し鶏は、マスターしなきゃもったいない。

ベースはこれ！

蒸し鶏

材料（2人分）
鶏むね肉 … 1枚
塩 … 小さじ1/4
黒こしょう … 適宜
酒 … 大さじ1

作り方
1 鶏肉は皮を取ってフォークで数か所穴
をあける。塩、黒こしょうをふって耐
熱皿にのせ、酒を回しかける。フワッ
とラップをかけ、600Wの電子レンジに
2分、返して2分、さらに返して1分
かける。そのまま粗熱を取る。

POINT

塩、黒こしょうをふって
酒を回しかけたら、耐熱
皿にのせて電子レンジへ

BANNO MUSHIDORI

01

裂いて
盛るだけ!

バンバンジー

材料（2人分）
蒸し鶏 … 1枚分
きゅうり … 1本
しょうが … 1/2かけ
トマト … 1個
🅐 白練りごま … 大さじ3
　ポン酢しょうゆ … 大さじ2
　砂糖 … 小さじ1
白いりごま … 適宜

作り方
1 蒸し鶏は小指くらいの太さに裂く。きゅうりは斜め5mm厚さに切ってから縦細切りにする。トマトは5mm厚さの半月切りにする。
2 しょうがはみじん切りにして🅐と混ぜる。
3 器にトマトをぐるりと並べ、きゅうり、鶏肉をのせ、2をかける。白いりごまを散らす。

BANNO MUSHIDORI

02

マヨーグルトと
相思相愛♡

チキンサラダ

材料（2人分）
蒸し鶏 …1枚分
リーフレタス … 大4枚
紫玉ねぎ … 1/8個
アボカド … 1/2個
ミニトマト … 6個
Ⓐマヨネーズ、プレーン
　ヨーグルト … 大さじ1
粒マスタード … 小さじ1
砂糖 … 小さじ1/4
塩、黒こしょう … 各少々

作り方
1 蒸し鶏は繊維に沿って大まかに裂く。Ⓐ
　を混ぜて、鶏肉を加えて和える。
2 レタスは一口大にちぎり、紫玉ねぎは
　薄切りにする。ミニトマトは半分に切
　る。アボカドは皮と種を取り除いて、
　横5mm厚さに切る。
3 器に盛り合わせる。

BANNO MUSHIDORI

03

秒で作れる絶品おつまみ

よだれ鶏

材料（2人分）
蒸し鶏 … 1枚分
貝割れ … 1/2パック
柿の種 … 小1/2袋
Ⓐ おろしにんにく … 少々
　 白すりごま、砂糖、
　　 しょうゆ、酢 … 各大さじ1
　 ラー油 … 小さじ2
　 ごま油 … 小さじ1
　 山椒粉 … 少々

作り方
1 蒸し鶏は5mm厚さに切る。貝割れは根
　 元を切り落とす。柿の種は袋の上から
　 砕く。
2 Ⓐを混ぜる。
3 器に鶏肉を盛って、貝割れと柿の種を
　 のせ、2をかける。

ラーメン屋超え！？　簡単なのにお店の味！

宝チャーシュー

なんと味のベースはすき焼きのたれとめんつゆだから簡単！
ねぎ、にんにく、しょうがでととのえて15分煮れば完成。

ベースはこれ！

宝チャーシュー

材料（1回分）
豚バラかたまり肉 … 350g
塩、黒こしょう … 各少々
長ねぎ（青い部分） … 1本分
しょうが … 1かけ
にんにく … 2かけ
ゆで卵（半熟） … 4個
サラダ油 … 大さじ1/2
すき焼きのたれ … 150cc
めんつゆ（かけつゆの濃さ）
　　… 150cc

作り方
1 豚肉は塩、黒こしょうで下味をつける。にんにくはつぶし、しょうがは3等分に切る。
2 フライパンを熱してサラダ油をひき、豚肉を入れて強火で全面を焼き固める。
3 鍋に2、すき焼きのたれ、めんつゆ、長ねぎ、にんにく、しょうがを入れて、蓋をして強火にかける。沸いてきたら弱火でたまに返しながら15分煮る。残り時間3〜5分前に、ゆで卵を加えてひと煮する。

TAKARA CHASHU

01

定番にして
不動のエース♡

チャーシュー麺

材料（2人分）
チャーシュー … 200g
中華麺（スープ付き）…2玉
万能ねぎ（小口切り）… 適宜
煮卵 … 1個

作り方
1 チャーシューはスライスする。
2 中華麺は袋の表示通りにゆでてスープ
  を作る。スープに1を入れ、少し温め
  て火を止める。
3 器によそって半分に切った煮卵をのせ、
  万能ねぎを散らす。

TAKARA CHASHU

02

食べ応え
ガツン!!

チャーシュー飯

材料（2人分）
チャーシュー … 150g
温かいご飯 … 320g
長ねぎ … 1/2本
にんにく … 1かけ
卵 … 2個
サラダ油 … 大さじ1
鶏がらスープの素（顆粒）
　… 小さじ1
しょうゆ … 小さじ1/2
塩、黒こしょう … 各適宜
ごま油 … 小さじ1

作り方
1　チャーシューは2cm角に切り、長ねぎ、
　にんにくはみじん切りにする。卵は溶く。
2　フライパンを熱してサラダ油をひき、
　長ねぎとにんにくを中火で炒める。香
　りが出てきたらチャーシューを加えて、
　強火で炒める。溶き卵を加え、そのま
　まいじらずに加熱し、半分くらい火が
　通ったらご飯を加える。木べらでほぐ
　しながら強火で炒める。
3　パラッとしてきたら鶏がらスープの素
　を加え、しょうゆをフライパンの縁に
　沿わせながら加え、全体を炒め合わせ
　る。味をみて塩、黒こしょうでととの
　える。仕上げにごま油を回し入れる。

TAKARA CHASHU

03

お弁当にもぴったりの
映えレシピ

チャーシューサンド

材料（2人分）
チャーシュー … 100g
好みのパン … 2個
バター … 適宜
リーフレタス … 適宜
きゅうり … 1/2本
トマト（5mm厚さ）… 4枚
マヨネーズ、ケチャップ
　… 各大さじ1

作り方
1　チャーシューはスライスして、冷たければ電子レンジで軽く温める。レタスはパンの大きさに合わせてちぎる。きゅうりは斜め薄切りにする。
2　マヨネーズとケチャップを混ぜる。
3　パンは厚みを半分に切って、内側を上にして軽くトーストする。パンの断面にバターを塗る。
4　パンにレタス、きゅうり、トマト、チャーシューをのせ、**2**をかけて挟む。

無限ソース

 肉を焼いたらかけるだけ♪

ツンとした辛さと風味で
肉の脂もあっさりと

わさび塩

材料
わさび粉 … 小さじ1/2
塩 … 小さじ1/2

作り方
1 すべての材料を混ぜる。

子どもから大人まで
万人ウケする味

カレー塩

材料
カレー粉 … 小さじ1
塩 … 小さじ1

作り方
1 すべての材料を混ぜる。

冷しゃぶや蒸し鶏に
かけても美味しい

塩昆布ごまだれ

材料
塩昆布 … 大さじ2
ごま油 … 小さじ2
白いりごま … 小さじ1

作り方
1 すべての材料を混ぜる。

今日は何味にする？

塩けが効いてクセになる
豚肉料理にぴったり

ネギ塩

材料
万能ねぎ(小口切り)
　… 大さじ3
ごま油 … 小さじ2
塩 … 小さじ1
おろしにんにく … 少々

作り方
1 すべての材料を混ぜる。

美味しいね
天野く～ん

爽やかな酸味で
さっぱり食べられる

梅だれ

材料
梅干し … 大2個
みりん … 小さじ2
かつおだし(顆粒)
　… 小さじ1/2

作り方
1 梅干しは種を除いて果肉をつぶす。す
べての材料を混ぜる。

さっぱり
うま～い

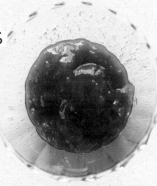

香味どっさり!
やみつき必至

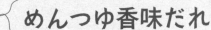

めんつゆ香味だれ

材料
めんつゆ(3倍濃縮)
　… 大さじ1
水 … 大さじ2
万能ねぎ(小口切り)
　… 2本
みょうが(せん切り) … 1個

作り方
1 すべての材料を混ぜる。

濃厚な甘みそは
炒め物と相性抜群

豆板醤みそ 〉

材料
みそ、砂糖 … 各小さじ1
豆板醤 … 小さじ1/4

作り方
1 すべての材料を混ぜる。

ピリまろな味わいで
お酒が進む

〔
コチュジャン
マヨ

材料
マヨネーズ … 大さじ2
コチュジャン … 大さじ1

作り方
1 すべての材料を混ぜる。

パクチーソース 〉

これをかければ
たちまちアジアン！

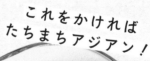

材料
香菜 … 3株
にんにく … 1/2かけ
オリーブ油 … 大さじ3
ナンプラー … 小さじ2

作り方
1 香菜はみじん切りにし、にんにくは薄
　切りにする。
2 にんにくとオリーブ油を合わせて弱火
　にかけ、きつね色にカリカリに焼く。
　少し冷ます。
3 すべての材料を混ぜる。

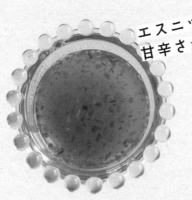

エスニックに味変！
甘辛さがクセになる

チリソース

材料
酢 … 大さじ1.5
砂糖 … 小さじ1
豆板醤 … 小さじ1/2
おろしにんにく … 少々

作り方
1 すべての材料を混ぜる。

大葉で作る
爽やかな風味

和風
ジェノベーゼ
ソース

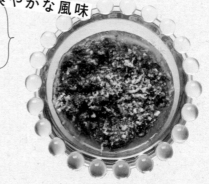

材料
大葉 … 20枚
オリーブ油 … 大さじ3
パルミジャーノレッジャーノ
　… 大さじ1〜2
塩 … 小さじ1/4

作り方
1 大葉はみじん切りにする。すべての材
　料を混ぜる。

爽やかな酸味が
肉の旨味を引き立てる

ヨーグルトソース

材料
プレーンヨーグルト、
　マヨネーズ … 各大さじ1
粒マスタード … 小さじ1
おろしにんにく … 少々

作り方
1 すべての材料を混ぜる。

栄養バランスUPのお肉料理の大親友

サラダ
コレクション

SALAD COLLECTION

一緒に野菜も食べよう

器まで美味しく
いただきまーす！

トマト丸ごとサラダ

材料（2人分）
トマト … 2個
ツナ缶 … 小1缶
玉ねぎ … 1/8個
大根 … 2㎝
マヨネーズ … 大さじ2
チャービル … 適宜
黒こしょう … 適宜
ルッコラ … 適宜
バルサミコ酢 … 適宜

作り方
1 トマトはヘタの方を少し切り取って、中身をくりぬく。
2 玉ねぎはみじん切りにしてギュッと絞る。大根は5㎜角に切る。
3 ボウルに缶汁を切ったツナ、玉ねぎ、大根、マヨネーズを入れて和える。
4 1のトマトを器にして、3を詰める。器にのせて、まわりをバルサミコ酢で飾り、チャービルをのせてルッコラを添え、黒こしょうをふる。

POINT

**ツナ缶の缶汁は
しっかり切ろう**

王道
ポテトサラダ

材料（3〜4人分）
じゃがいも
　… 3個（400g）
玉ねぎ … 1/4個
にんじん … 4cm
きゅうり … 1本
ハム … 3枚
マヨネーズ … 大さじ5
塩、黒こしょう … 各適宜

作り方
1 じゃがいもは皮をむいて8等分に切る。にんじんは5mm厚さのいちょう切りにする。
2 鍋にじゃがいもを入れ、かぶるくらいの水を注ぐ。塩少々を入れて強火にかけ、沸いてきたら弱めの中火で10分くらいゆでる。にんじんを加えて3〜4分ゆで、じゃがいもとにんじんに竹串がスーッと通ったらザルにあげて、しっかり

冷ます。
3 玉ねぎは横薄切りにして水に15分さらし、水けをしっかり絞る。きゅうりは薄い輪切りにして水けを絞る。ハムは1.5cm角に切る。
4 ボウルに2、3を入れマヨネーズを加えて木べらでじゃがいもを軽くつぶしながら混ぜる。味をみながら塩でととのえたら、器に盛って黒こしょうをたっぷりふる。

これが天野家の永久定番♪

にんにくを効かせたグリーンサラダ

無限に食べられる美味しさ！

材料（2人分）
リーフレタス … 3〜4枚
きゅうり … 1本
スナップえんどう … 8〜10個
いんげん … 10本
塩 … 少々
Ⓐ ごま油 … 大さじ1と1/2
　鶏がらスープの素（顆粒）
　　… 小さじ1/2
　塩 … 2〜3つまみ
　おろしにんにく … 少々

作り方
1 スナップえんどうはヘタと筋を取り除く。いんげんはヘタを取って半分に切る。どちらも塩を加えた熱湯でサッとゆでる。スナップえんどうは飾り用に3、4個を半分に開く。
2 きゅうりは小さめの乱切りにし、レタスは一口大にちぎる。
3 ボウルにⒶを混ぜ、1、2を加えて和えて、器に盛る。

87

SALAD
サラダ

目にも鮮やかな
カラフルサラダ

コブサラダ

材料（3〜4人分）
ベーコン … 50g
ゆでえび … 50g
アボカド … 1/2個
なす … 1本
パプリカ … 1/2個
じゃがいも … 1個
ブロッコリー … 1/2個
ズッキーニ … 1/2本
トマト … 小1/2個
リーフレタス … 2〜3枚
ゆで卵 … 1個
クリームチーズ … 40g
ドレッシング
　マヨネーズ … 大さじ3
　ケチャップ … 大さじ1
　プレーンヨーグルト
　　… 小さじ2
オリーブ油 … 大さじ1
フライドオニオン、
　ベーコンビッツ
　　… 各適宜
塩、黒こしょう … 各少々

作り方

1　ベーコンは1cm角の拍子木切りにする。なすは1cm厚さのいちょう切りに、アボカド、パプリカ、じゃがいも、ズッキーニ、トマトは1.5cm角に切る。ブロッコリーは小房に切り分け、レタスはラフにちぎる。ゆで卵は輪切りに、クリームチーズは1cm角に切る。

2　ドレッシングの材料を混ぜる。

3　耐熱ボウルにじゃがいもを入れて水大さじ1/2を加え、ラップをして電子レンジ（600W）に4分かける。竹串が通ったら取り出す。

4　同様に、ブロッコリーも電子レンジに2分かける。

5　フライパンを熱してオリーブ油をひき、ベーコンを加えて炒め、脂が出てきたらなす、ズッキーニを加えて炒める。少ししんなりしたら、パプリカを加えて、塩、黒こしょうをふって強火で炒める。

6　器にレタスを敷いて**3**、**4**、**5**、トマト、アボカド、えびを盛る。ゆで卵を並べ、クリームチーズ、フライドオニオン、ベーコンビッツを散らす。ドレッシングを添え、食べる時に回しかけて全体を混ぜながらいただく。

POINT

マヨ×ケチャップ×
ヨーグルトでまろやか
ドレッシングの完成

クレソン サラダ

材料（2人分）
クレソン … 1〜2束
マッシュルーム … 3個
にんにく … 1かけ
赤唐辛子 … 1本
ごま油 … 大さじ1と1/2〜2
ポン酢、塩 … 各適宜

作り方
1 クレソンは根元を切り落として食べやすく切る。マッシュルームは縦薄切りに、にんにくはみじん切りにする。赤唐辛子はへたと種を取り除いてちぎる。
2 器にクレソンとマッシュルームを盛る。
3 フライパンににんにく、赤唐辛子、ごま油を入れて火にかける。にんにくが色づいてきたら2にジャーッとかけ、塩をふってポン酢を回しかける。

熱々ドレッシングを上からジュー〜!!

簡単 パクチーと 韓国のりの サラダ

材料（2人分）
パクチー … 1束
韓国のり … 小2パック
ごま油 … 大さじ1/2
おろしにんにく … 1/3かけ分
塩 … 1つまみ
白いりごま … 大さじ1/2
レモン汁 … 少々

作り方
1 パクチーは根元を切り落として5cm長さに切る。
2 ボウルにごま油、おろしにんにく、塩、白いりごまを加えて混ぜ、パクチーを加えて和える。ちぎった韓国のり、レモン汁を加えてザッと混ぜ合わせる。

ちぎって混ぜて、ハイ美味しい♡

あと一皿

お酒が進む　アンチョビ、トマト、チーズ！

ブルスケッタ

材料（2人分）
バゲット
　（斜め1.5cm厚さに切ったも
　の）… 8切れ
トマト … 小1個（100ｇ）
モッツァレラチーズ
　… 1/2個
バジル … 5枚
アンチョビ … 5枚
にんにく … 1/2かけ
オリーブ油 … 大さじ2
塩 … 2〜3つまみ
黒こしょう… 適宜

作り方
1　トマト、モッツァレラは1.5cm角に切る。
　バジルは粗みじん切りにし、アンチョビ
　はみじん切りにする。
2　ボウルに **1**、オリーブ油、塩、黒こしょ
　うを合わせて和える。
3　バゲットににんにくの断面をこすりつけ
　て、トースターでこんがりと焼く。
4　**3** に **2** をのせる。

POINT

バゲットににんにくを
こすりつけて風味UP

香ばしチーズで
お酒のおつまみにも

ジェノベーゼのトースト

材料（2人分）
バゲット … 10cm分
ジェノベーゼペースト … 適宜
にんにく … 1/2かけ
ピザ用チーズ … 大さじ3

作り方
1 バゲットは10cm長さに切って縦半分に切り、断面ににんにくの断面をこすりつける。ジェノベーゼペーストを塗って、チーズをかけトースターで焼く。

たまら〜ん

食べる
オリーブオイル

材料（1回分）
ちりめんじゃこ … 大さじ5
にんにく … 1かけ
柿の種 … 小1袋（30g）
オリーブ油 … 150cc
塩 … 小さじ1/4

作り方
1 にんにくはみじん切りにする。
2 柿の種は砕いてボウルに入れる。
3 フライパンにオリーブ油を熱し、にんにく、ちりめんじゃこを入れて弱火で加熱する。にんにくが少し色づいてきたら塩を加えて混ぜ、熱々のまま2のボウルに入れて混ぜる。

モッツァレラチーズの
スモークサーモン巻き
イクラのせ

材料（2人分）
スモークサーモン
　… 4枚（40g）
イクラ … 40g
モッツァレラチーズ … 1/4個

作り方
1 モッツァレラチーズは4等分にちぎる。
2 1個ずつチーズをスモークサーモンで巻いて、イクラをのせる。

手早く作れて
見た目も華やか
喜ばれる一皿♡

アボカドとカニのマヨ和え

材料（2人分）
アボカド … 1個
かにかま … 90g
プロセスチーズ … 40g
マヨネーズ … 大さじ2〜3
レモン汁 … 小さじ1/2
黒こしょう … 適宜

作り方
1 アボカドは包丁で縦半分にぐるりと切り込みを入れ、半分に割って種を取り除く。スプーンでくりぬいた実を2cm角に切ってボウルに入れ、レモン汁を加えて和える（アボカドの皮はとっておく）。
2 かにかまはほぐし、チーズは5mm角に切る。
3 1に2、マヨネーズ、黒こしょうを加えて和え、アボカドの皮に詰める。好みで仕上げに黒こしょうをふる。

POINT

チーズは5mm角で
食感を残して

食欲を刺激する
マイルドな辛み

カリフラワーの
マヨカレー炒め

材料（2人分）
カリフラワー … 小1個
カレー粉 … 小さじ1
マヨネーズ … 大さじ3
塩、黒こしょう … 各適宜

作り方
1 カリフラワーは丸のまま耐熱皿にのせ、ふんわりとラップをかけて、600Wの電子レンジで2〜3分加熱する。ザッと水洗いをして粗熱をとり、食べやすく切り分ける。
2 フライパンにマヨネーズを入れて中火にかけ、マヨネーズが溶けてきたら1を入れ、塩、黒こしょうをふって炒める。カレー粉を加えて炒め合わせる。

人参ラペ

材料（2人分）
にんじん … 1本
レーズン … 大さじ1〜2
Ⓐオリーブ油 … 大さじ2
　白ワインビネガー
　　… 大さじ1/2
　はちみつ、粒マスタード
　　… 各小さじ1
　塩 … 少々

作り方
1 にんじんは5cm長さのせん切りにする。
2 ボウルにⒶを混ぜ、1を加えて和えたら15分くらいなじませる。
3 レーズンを加えてざっと混ぜ、器に盛りつける。

軽やかな酸味と
レーズンでおしゃれ味

高菜ごま炒め

材料（2人分）
高菜 … 100g
にんにく … 1/2かけ
鷹の爪（割切り） … 少々
ごま油 … 大さじ1
白いりごま … 大さじ1

作り方
1 高菜は刻み、にんにくはみじん切りに。フライパンを熱してごま油をひき、にんにく、鷹の爪を中火で炒める。香りが出てきたら高菜を加えて炒め、油が回ったら白いりごまを加えて混ぜる。

美味しいよ！

きゅうりの1本漬け

材料（2人分）
きゅうり … 2本
Ⓐ水 … 60cc
　白だし … 大さじ2と1/2
　酢 … 大さじ1/2
　赤唐辛子（小口切り）
　 … 小さじ1/2

作り方
1 きゅうりはへたを落としてピーラーで縞目に皮をむき、麺棒や瓶で軽くたたく。
2 密閉袋に1、Ⓐを入れて、2時間以上漬ける。

人参と大根のなます

材料（2人分）
大根 … 6cmの縦半分
にんじん … 5cm
塩 … 3つまみ
寿司酢 … 小さじ2
ゆずの絞り汁 … 小さじ1

作り方
1 大根とにんじんはスライサーでせん切りにしてボウルに入れ、塩をふって15分おく。出てきた水分をしっかり絞る。
2 寿司酢、ゆずの絞り汁を加えて和える。
3 器に盛り、ゆずの皮（分量外）を飾る。

これも作って♡

新玉ねぎの蒸し焼き
黒酢あん

材料（2人分）
新玉ねぎ … 2個
Ⓐ 水 … 50cc
　黒酢 … 大さじ2
　しょうゆ、砂糖、酒
　　… 各大さじ1
　和風だし（顆粒）
　　… 小さじ1/4
Ⓑ 水 … 小さじ1
　片栗粉 … 小さじ1/2
かつお節 … 適宜

作り方
1 新玉ねぎは頭を切り落としたらひっくり返し、包丁の先で芯の周りに切り込みを入れて抜き取る。底の方に8等分に切り込みを入れる。そのまま底を上にしてラップで包み、600Wの電子レンジで5分加熱する。
2 小鍋にⒶを合わせて中火で4分煮詰める。よく混ぜたⒷを加えて手早く混ぜ、少し煮詰めてとろみをつける。
3 器に玉ねぎを頭を下にして盛って、切り込みが外に開くように崩しながら整える。
4 2をかけ、かつお節をのせる。

クリームチーズと
いぶりがっこ

材料（2~3人分）
いぶりがっこ … 25g
クリームチーズ … 50g
クラッカー … 適宜

作り方
1 いぶりがっこはみじん切りにする。
2 クリームチーズは室温に置いて柔らかくし、ボウルに入れて練る。クリーム状になったら1を加えて混ぜる。
3 クラッカーにのせる。

れんこんのカレー炒め

材料（2人分）
れんこん … 3cm
カレー粉 … 少々
ごま油 … 大さじ1/2
塩、酢 … 各少々

作り方
1 れんこんは5mm厚さのいちょう切りにし、酢水にさらして、水気をきる。
2 フライパンを熱してごま油をひき、れんこんを強めの中火で炒める。透き通ってきたら塩、カレー粉を加えて炒め合わせる。

がっつり肉料理の後はスイーツでシメ❤

別腹デザート

やっぱ最後は甘いものだよね〜

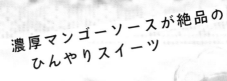

濃厚マンゴーソースが絶品の
ひんやりスイーツ

ココナッツ ミルクプリン

材料(2人分)
ココナッツミルクパウダー
　　… 60g
水 … 150cc
Ⓐ粉ゼラチン … 1袋(5g)
　┃熱湯 … 50cc
生クリーム … 150cc
砂糖 … 大さじ2
マンゴーソース
　┃マンゴージュース(100%)
　　… 100cc
　┃砂糖 … 大さじ1
マンゴー … 1/2個
ミント … 適宜

作り方

1　小鍋に水を入れて強火にかけ、沸いたら弱火にして、ココナッツミルクパウダーを加えて溶き混ぜる。生クリーム、砂糖を加えてよく混ぜる。

2　ボウルにⒶを合わせてよく混ぜ、1を加えてゼラチンが溶けるまで

よく混ぜる。器に流し入れ、ラップをして冷蔵庫で3〜4時間以上冷やし固める。

3　マンゴーソースを作る。小鍋にマンゴージュース、砂糖を入れて弱火にかけ、たまに混ぜながら6〜7分、半量になって少しとろみが

つくまで煮詰める。冷蔵庫で冷やす。

4　マンゴーは5mm厚さのそぎ切りにする。

5　2に3をかけ、4を美しく盛りつけてミントを飾る。

はじめてのプリン

材料(2人分)

卵 … 2個　　　　　**カラメルソース**
牛乳 … 280cc　　　┃砂糖 … 50g
砂糖 … 30g　　　　┃ぬるま湯 … 大さじ4
好みのフルーツ、ホイップクリーム … 各適宜

作り方

1　牛乳は600Wの電子レンジで40秒温める。

2　ボウルに卵を溶き、砂糖を加えて混ぜる。さらに1を加えて混ぜ、ザルなどでこす。

3　耐熱カップに2を半量ずつそそぐ。

4　3を200Wの電子レンジで1個ずつ加熱する。様子を見ながら3〜3分半加熱する(3分前に膨らんできたら取り出す)。粗熱が取れたら、ラップをして冷蔵庫でしっかり冷やす。

5　カラメルソースを作る。小鍋に砂糖とぬるま湯大さじ2を入れて中火にかける。カラメル色になってきたら、さらにぬるま湯大さじ2

を加えて混ぜる。

6　4のカップの内側に沿って竹串をぐるりとまわし入れ、皿をかぶせてひっくり返し、ゆすって取り出す。5をプリンにかけ、好みでまわりにフルーツやホイップクリームを飾る(難しければ、型から取り出さず上に盛りつけてもOK)。

電子レンジで
作る!

ふわとろ生クリームに
ざくざくナッツ

マカデミアナッツの
パンケーキ

材料(2人分)
パンケーキミックス … 1袋
卵黄 … 1個分
卵白 … 2個分
牛乳 … 150cc
サラダ油 … 少々
マカデミアナッツクリーム
　マカデミアナッツ … 20g
　砂糖 … 大さじ1/2
　生クリーム … 100cc
いちご、バナナ、
　ブルーベリー、キーウィ
　… 各適宜

作り方
1 ボウルにパンケーキミックス、卵黄、牛乳を入れて泡立て器でさっくり混ぜる。
2 別のボウルに卵白を入れて電動泡立て器（なければ普通の泡立て器）でツノが立つまでよく泡立てる。
3 1に2を加えて、泡がつぶれないようにサックリと混ぜ合わせる。
4 フライパンを熱してサラダ油をキッチンペーパーでひき、3をお玉1杯、丸く流し入れて弱めの中火で焼く。焼き目がついたら返して両面をきつね色に焼く。残りも同様に。
5 マカデミアナッツクリームを作る。ナッツは麺棒で叩いて砕く。ボウルに生クリームと砂糖を入れて、泡立て器でクリーム状になるまで泡立てる。ナッツを加えてザッと混ぜる。
6 器にパンケーキを盛って、5をかけてフルーツを添える。

POINT

卵白はツノが立つまで
泡立てよう

グレープフルーツゼリー

果汁100%の
フレッシュな美味しさ

材料(2人分)
ピンクグレープフルーツ
　… 2個
粉ゼラチン … 5g
ぬるま湯 … 50cc
砂糖 … 50g
レモン … 適宜

作り方
1 グレープフルーツの頭1/3ほど切り落として、スプーンで実を取り出す(皮に穴をあけないように)。
2 ザルに果肉を入れてスプーン等で押さえながら絞り、300ccの果汁を絞る。味をみて、酸味が弱ければレモン汁1/4個分(分量外)を加える。
3 2を鍋に入れて弱火で5分加熱する。
4 湯に粉ゼラチンを入れて混ぜ、しっかり溶かしたら3に加えて混ぜる。砂糖も加えて混ぜる。
5 1の皮2個分を器にし、4を流し入れて冷やし固める。

フルーツサンド

材料(2人分)
サンドイッチ用食パン
　… 4枚
生クリーム … 200cc
マスカルポーネ … 150g
砂糖 … 40g
いちご … 4個
キーウィ … 1個
オレンジ … 1/2個

作り方
1 いちごはヘタを取り、キーウィは皮をむいて、オレンジは実を取り出す。
2 ボウルに生クリーム、砂糖を入れ、電動泡立て器で7分泡立てる。マスカルポーネを加えてよく混ぜる。
3 食パン1枚に2を塗り、断面が美しく出るようにフルーツを並べ、さらに2のクリームを均一にのせて、もう1枚のパンで挟む。2組作る。食べやすく切って器に盛る。

映えスイーツは
断面萌え♡

101

ビターチョコで
大人な甘さに

チョコレートムース

材料(2人分)
ビターチョコレート … 100g
卵黄 … 1個分
卵白 … 1個分
砂糖 … 大さじ1
生クリーム … 100cc
仕上げ用生クリーム
　… 適宜

作り方
1 チョコレートは割ってボウルに入れ、湯煎(60℃の湯にボウルの底をあてる)で溶かす。卵黄を加えて混ぜる。
2 ボウルに生クリームを入れて、電動泡立て器で7分立てに泡立てる。
3 別のボウルに卵白、砂糖を入れ、電動泡立て器でツノが立つまで泡立てる。2に加えてゴムベラでサックリ混ぜる。
4 チョコレートのボウルに3を少量入れてよく混ぜてから、3のボウルに戻してサックリと混ぜる。容器に入れて冷蔵庫で冷やし固める。
5 生クリームをかける。

自家製ジンジャーエール

材料（作りやすい分量）
しょうが … 1袋（100g）
レモン … 1個
水 … 300cc
砂糖 … 100g
はちみつ … 大さじ1
炭酸水、氷、
　　レモン、ミント … 各適宜

作り方
1 しょうが1/3量は皮つきのまま薄切りにし、残りはすりおろして絞る。レモン1/2個は薄切りにし、1/2個は絞る。
2 鍋にしょうがの薄切り、水、砂糖を入れて中火で10分煮る。ボウルに移し、1のしょうがの絞り汁、はちみつを加えて混ぜる。粗熱が取れたら冷蔵庫で冷ます。
3 2を茶こしなどで濾しながら、沸騰消毒した保存容器へ移す。1のレモンの輪切りと絞り汁を加えて混ぜる。
4 大さじ4〜5に対し、炭酸水100ccで割り、氷を入れて飲むと美味しい。最後にミントを添える。

たっぷりしょうがで
スカッとさっぱり♪

大葉シロップ
サイダー

材料（2人分）
大葉 … 20枚
水 … 150cc
オリゴ糖 … 大さじ3
炭酸水、水 … 各適宜

作り方
1 大葉はちぎって鍋に入れ、水、オリゴ糖を加えて弱めの中火で10分煮出す。途中、箸でつついて香りを出す。大葉をザルに取り出ししぼる。
2 グラスに1と氷を入れ、炭酸水と水で1：1で割る。大葉（分量外）をたたいて加える。

甘さ控えめでごくごく飲める

美味しく
ビタミンC補給

レモンシロップ
ドリンク

材料（2人分）
レモン … 1個
水 … 大さじ2
オリゴ糖 … 大さじ1〜2
炭酸水、水、ミント
　… 適宜

作り方
1 レモンは半分に切ってレモンスクイーザーで絞り、皮の黄色い部分をせん切りにする。
2 小鍋に1、水、オリゴ糖を入れ、弱めの中火で5分煮る。
3 グラスに氷を入れ、炭酸水と水で1：1で割る。

PROFILE

天野ひろゆき
AMANO HIROYUKI

多くの芸能人からもラブコールを受けるほど、料理の腕前はピカイチ！ 簡単でいて、食材を生かしたアイディアレシピでいつもの食卓が見違える♡ 公式YouTube「キャイ〜ンのティアチャンネル」ではお笑いネタの他に、新作レシピも日々更新中♪

衣装協力

ウエアハウス	☎03-5457-7899
シンプリー	☎03-6421-3024
ノマド	☎03-3464-1204

撮影協力

UTUWA
www.awabees.com

STAFF

撮影	布施鮎美
ヘアメイク	岩井マミ (M)
スタイリング	繁田美千穂 (UNLAX)
フードスタイリング	阿部貴子
調理スタッフ	下条美緒
友情出演	ウド鈴木
タレントマネジメント	対崎衆一、洪 伽奈
ブックデザイン	ohmae-d
企画・編集・文	美谷島清香

キャイ〜ン天野っちの
胃袋を掴む
絶品肉おかず100

著者／天野ひろゆき
編集人／足立春奈
発行人／倉次辰男
発行所／株式会社 主婦と生活社
　　　　〒104-8357　東京都中央区京橋3-5-7
　　　　編集部☎03-3563-2189
　　　　販売部☎03-3563-5121
　　　　生産部☎03-3563-5125
　　　　https://www.shufu.co.jp
製版所／東京カラーフォト・プロセス株式会社
印刷所／大日本印刷株式会社
製本所／株式会社若林製本工場
ISBN978-4-391-15557-0